木鐘集

《儒藏》精華編選刊

〔南宋〕陳埴 撰
史應勇 校點

北京大學《儒藏》編纂與研究中心 編

北京大學出版社
PEKING UNIVERSITY PRESS

圖書在版編目(CIP)數據

木鐘集 /（南宋）陳埴撰；北京大學《儒藏》編纂與研究中心編. —北京：北京大學出版社，2023.9

（《儒藏》精華編選刊）

ISBN 978-7-301-34059-2

Ⅰ. ①木… Ⅱ. ①陳…②北… Ⅲ. ①理學－中國－宋代 Ⅳ. ①B244.99

中國國家版本館CIP數據核字（2023）第100895號

書　　名　木鐘集
MUZHONGJI
著作責任者　〔南宋〕陳埴 撰
史應勇 校點
北京大學《儒藏》編纂與研究中心 編
策劃統籌　馬辛民
責任編輯　方哲君
標準書號　ISBN 978-7-301-34059-2
出版發行　北京大學出版社
地　　址　北京市海淀區成府路205號　100871
網　　址　http://www.pup.cn　新浪微博：@北京大學出版社
電子郵箱　編輯部 dj@pup.cn　總編室 zpup@pup.cn
電　　話　郵購部 010-62752015　發行部 010-62750672
編輯部 010-62756449
印 刷 者　三河市北燕印裝有限公司
經 銷 者　新華書店
650毫米×980毫米　16開本　19印張　180千字
2023年9月第1版　2023年9月第1次印刷
定　　價　76.00元

目録

校點説明

《木鐘集》，南宋陳埴撰。

陳埴（生卒年月不詳），字器之，學者稱「潛室先生」。永嘉（今屬浙江）人。自幼聰慧，少時師從葉適，後從學於朱熹，以「所見超卓」見稱。寧宗嘉定間（一二〇八—一二二四）登進士，後以通直郎致仕。理宗紹定間（一二二八—一二三三），趙善湘建明道書院，辟陳埴爲主講，四方學者從遊數百人。著述有《禹貢辨》《木鐘集》《洪範解》《王制章句》等數種。

傳世《木鐘集》十一卷，含《論語》《孟子》《六經總論》《周易》《尚書》《詩》《周禮》《禮記》《春秋》《近思雜問》《史》各一卷。所論《大學》《中庸》列於《禮記》下。其體例皆先設問，後答之。全書主要逐條討論傳世儒家經典中涉及的一些重要問題，尤以入宋以後儒者所關心的性理問題爲最多。書名《木鐘集》，取自《禮記》「善問者如攻堅木，善待問者如撞鐘」。史類一卷，内容較少，僅及漢唐，誠如四庫館臣所言：「伊洛之傳，不以史學爲重，偶然及之，非專門也。」經類《詩》篇亦文字頗少。

此書目前所知傳世版本有五種：元吴氏友于堂刻本（簡稱「元刻本」），上海圖書館（以下簡稱「上圖」）和浙江圖書館有藏，有《中華再造善本》影印上圖本（按：校點者於二〇〇八年十一月一日赴上海圖書館重核，現上圖本僅存卷一、卷三、卷十一，而《中華再造善本》影印的上圖本則僅缺卷二）；明弘治十四年（一五〇一）刻本（簡稱「明刻本」）；清莫友芝《郘亭知見傳本書目》卷七著録之「蘇城汪氏元刊本」（今公私藏書似未見有著録）；清文淵閣四庫全書本（簡稱「四庫本」）；同治六年（一八六七）東甌郡齋刻本，北京大學圖書館有藏，行款同明弘治刻本，惟卷首多浙江補用道知温州府事江右陳思燏序。

此次校點以四庫本爲底本，校以元刻本及明刻本。四庫本無目録，元、明刻本均目録完備，校點依據底本及校本目録重訂。各本書名，除明刻本序跋外，「鐘」均作「鍾」，今據其命名之意改正。

以下對本次校點略作説明：

作者引述孟子意見之處，除非明指《孟子》文本，否則均不加書名號。

書中對每個問題的討論，大多以設問方式開頭，但對有些問題的討論，則是先立一個説明題意的標題，然後開始討論。此類標題不加標點，如卷一《論語》部分有標題曰「夫子言『誰毀誰譽』一章」，卷七《周禮》部分有標題曰「井田溝洫之法」，等等。
《易》六十四卦之卦名一律加書名號。

校點者　史應勇

文淵閣四庫全書木鐘集提要

臣等謹案：《木鐘集》十一卷，宋陳埴撰。埴，字器之，永嘉人，嘗舉進士，授通直郎致仕。其學出於朱子，永樂中修《五經大全》所稱「潛室陳氏」，即埴也。是編雖以「集」爲名，而實則所作語録，凡《論語》一卷，《孟子》一卷，《六經總論》一卷，《周易》一卷，《尚書》一卷，《毛詩》一卷，《周禮》一卷，《禮記》一卷，《春秋》一卷，《近思雜問》一卷，《史》一卷。其説《大學》《中庸》，列《禮記》之中，蓋其時《四書章句集註》雖成，猶私家之書，未懸於國學，施之功令，故仍從古本。史論惟及漢唐，則伊洛之傳不以史學爲重，偶然及之，非專門也。其體例皆先設問而答之，故卷首自序謂取《禮》「善問者如攻堅木，善待問者如撞鐘」義，名「木鐘」。刊板久佚。明弘治十四年温州知府鄧淮始得舊本重刊，自第五卷至十一卷皆題曰「某卷下」，疑或各佚其上半卷，而核其所列，則《書》始二典，《詩》始比、興、賦，《春秋》始隱元年，《近思雜問》始理氣，《史》始漢，皆不似尚有前文。惟《周禮》不始《天官》而始「府史」，《禮記》不始《曲禮》而始《王制》，似有所佚，然府、史之名，先見於序官，而《王制》亦《禮記》第三篇，即從此托始，亦無不可，宋本既不可見，姑闕斯疑焉可矣。乾隆四十四年五月恭校上。

總纂官臣紀昀、臣陸錫熊、臣孫士毅

總校官臣陸費墀

木鐘集題詞❶

志曰：「善問者如攻堅木，善待問者如撞鐘。」朋友講習，不可以無問也，問則不可以無復。今之不善問者，徒先其所難，後其所易，取其節目之堅，乃欲一斧而薪之，不少徐徐以待其自解，則匠石從旁而竊笑之矣。至其待人之問者，或小叩之而大鳴，或大叩之而小鳴，不待其再至而亟盡其餘聲，或餘之未盡而恣其人之更端焉，然則是鐘也，其必州鳩氏之所棄者乎。余非待問者，顧諸友方持班氏之斧，以運成風之巧，乃欲以空中之物隨酢焉，其不哆然肆、黯然啞者幾希矣。或曰：空故能聲，虚故能應，壞木之竅穴而萬籟出焉，物固有然者矣。余有感於斯言也，取二物，因命之曰「木鐘」焉。子幸有以問余，余方以問子。永嘉潛室陳埴題。

❶ 元刻本作「木鍾序」，明刻本作「木鍾題詞」。

木鐘集卷一❶

宋陳埴撰❷

論　語

「殷有三仁焉。」《集註》謂：「不咈乎愛之理，而有以全其心之德。」豈三子皆同於愛宗社邪？三子不私其身，其心可鑑，可以吐出見先王於地下。蓋全是一片至誠惻隱之理，他無所有，故謂之仁。

「三仁」之稱，比干與焉。荀息之死，可謂之仁否？私欲淨盡，天理渾全，方可言仁。謂荀息忠於所事則可，謂死當於理而無私心，則未也。

比干以諫死，謂之忠可也，而孔子謂之「三仁」，是忠可爲仁也。至子張問令尹子文何如，孔子只許之以

❶ 元刻本、明刻本題「潛室陳先生木鍾集卷之一」。卷末題及餘卷仿此。

❷ 元刻本、明刻本無此行。餘卷仿此。

忠，以爲「未知，焉得仁」，是忠與仁，猶有逕庭也。不是將忠便唤作仁，此心統體無私，渾是天理，方可言仁。子文於此處，保明未過在。❶

知及之，仁不能守之，固不可仁。既能守之，而猶有不莊、不以禮之戒，《集註》謂有「氣習之偏」，何邪？蓋雖是有仁能持守，然當臨莅之時，舉動之際，此心小懈，即妄念便生，須是逐時照管，令罅縫不開，才有罅縫，便有氣習之偏先來，有此，故到此不能不萌動也。此是聖賢檢身上工夫周密處，雖是本體已造醇美，猶恐節目上有疵，又須逐節照管，要令盡善盡美。德盛者必不狎侮，言小疵消盡也。今雖大人先生，猶有戲語，皆是未過此一關。

冉求自謂可使足民，觀其用於季氏，第能爲之聚斂附益，使賦粟倍他日，此幾於厲民之事。冉求有爲政之才，聖人屢許之，且以政事名，想必有可觀者，但義理不勝利慾之心，過失處多耳。

南容、公冶長二子優劣

南容言行可法處多，公冶長事不多見，第聖人稱揚其婿之必非己下人，不必論他優劣，只當法其善行。

---

❶ 此句疑有訛脱。

「興於《詩》，立於禮，成於樂」，學者不可缺一。夫子責伯魚學《詩》、學《禮》，而不及《樂》，何邪？家庭之訓，只説到《詩》《禮》上，且就切近處説，乃聖人遠其子之道，非是前三語可論爲學之次也。

伯魚，聖人之子，陳亢意其有異聞，及止聞《詩》《禮》之訓，乃知聖人遠其子。愚意伯魚之資稟稍劣，故聖人止以是告也，使其有曾、顔之資，亦當以曾、顔者告之矣。若一以遠其子，則是有心於公也，聖人然乎哉？父子主恩，義方之訓，又説到這處，若伯魚天資穎悟，即飲食起居，無非教也。天何言哉，四時行焉，百物生焉，聖人何隱乎爾？曾、顔可至，伯魚亦可至，自是日用不知耳。

子路不悦孔子爲公山氏之召，而孔子以爲：「夫召我者，而豈徒哉？如有用我者，吾其爲東周乎？」如何從季氏之家臣，便展得爲東周事業？聖人行道，自有爲之兆處。弗擾之徒，聖人未必果從他，但憫時行道之意，於此乎見耳。

陽貨欲見孔子，孔子不見。至於公山弗擾以費畔召，子欲往。夫陽貨與此人，皆一時叛臣，孔子不見陽貨而欲見此人，何也？

聖人道大德宏，無可無不可。雖是惡人，苟其一時意向之善，交際之誠，聖人無不與者。陽貨則見之之意不實，交際之禮不誠，故孔子不欲見之。孟子曰：「苟善其禮際，斯君子受之矣。」

子見南子，子路不悦，夫子矢之曰：「天厭之！天厭之！」聖人道大德全，於交際上自有斟酌，子路之不悦，固是不知夫子，然夫子亦自可舒徐釋其疑，❶何必指天自誓？子路勇於自信，信聖人不及。如此等處，屢形於辭色，屢見於問答。想是聖人説他不下，故矢心以誓之，欲其退而思之耳。

公山、佛肸之召，夫子皆欲往而卒不往，固知其人之不可變，事之終不可爲也，毋乃與初意戾乎？始之欲往，君子以自强不息；終之不往，君子以致命遂志。

《集註》解「未可與權」，舉洪氏之「《易》九卦，終於巽以行權」，何也？舉《易》一語見權者，聖人之終事。《易》三陳九卦，凡二十七節，道理最微，末梢一語，方以權終之。見得不可驟語也。

---

❶ 「自可」，原作「可自」，據元刻本、明刻本改。

「可與立」,「立」底意思?

立,謂守得住,可決定保明他作好人也。

夫子言「誰毁誰譽」一章

毁者,稱人之惡而損其真。譽者,揚人之善而過其實。先詳兩字名義方可。聖人自言我無損真過實之毁譽者,若間有所譽,必是已嘗試其事也,非過其實以揚之。若毁人之惡而損其真,則決無是事。《集註》自可玩,人自不察耳。

「則以學文」,晦翁以文爲重。「文質彬彬」,晦翁以質爲重。

文對質説,則爲文采之文,因學而言,則爲射、御、書、數之文。今人所學,只以《詩》《書》六藝爲文,古時却無許多書,只是去刑名度數上加意,所以古人長於數而短於理。聖門遂講明理學,後人得許多書,於理義甚明,於實學無有。古人如申屠嘉、周勃之徒,皆是資質好,緣不曾講求義理,所以只是一个重厚。若是文采,須是有質方可施,如「繪事後素」之意。

以德報怨,是聖人氣象處,欲以直報怨者,何邪?

以德報怨,是爲嫌,故饒他一著,不是循理正大,意思却是私心。以直報怨,初無怨惡心,只是道理如何,當舉則舉，當廢則廢，却是公心。又曰以直報之，豈不正大？豈不忠厚？當利則利，當貴則貴，當用則用，當舍則舍，惟出以正，豈不是忠厚處？聖人言語，一一自有斟酌。

泰伯，諸侯也，有一國也，夫子以爲三以天下讓。周之得天下，來歷自泰伯之讓始，故其讓國處，人得見其迹，其讓天下處，人莫知其心，所以聖人表出來。泰伯之讓，在太王時，事迹甚微，人莫能知。聖人推見至隱，以其本心與文王同，故俱稱爲至德，使不偕逃，亦自足以造周，故又言以天下讓。

泰伯之讓國，與夷、齊同否？《集註》曰：其心則夷、齊之心，而事又有難處者。太王有翦商之志，又以王季生聖子，意欲立之，而事迹未見，泰伯竊窺此意，故逃之。蓋其處父子兄弟之變，而欲全天性之恩；處商周興亡之際，而欲全君臣之義。其事皆類夷、齊而泯其迹，所以爲至德。

孔子曰：「伯夷、叔齊，求仁而得仁。」伯夷以父命爲尊，叔齊以天倫爲重，是固天理恁底。然二子只勾當得自身上道理無虧欠處，若律以天下之大義，叔齊辭，伯夷又辭，更無仲子，誰擔當得這國事？去彼仲子，既於天倫父命兩不相干，受之毋乃非邪？

既是勾當得自身上道理無虧欠處，更復何求？所謂「吾何求哉？吾得正而斃焉，斯已矣」。聖賢殺身成仁，只要覩个是耳，若更反顧身後去，即成計較之私矣。二子既逃，國歸仲子，於天理人倫已安，若仲子更執夷、齊之義，夷、齊亦管不得它，彼視國直敝屣耳。

夫子賢伯夷首陽之節，孟子譏其隘；夫子仁管仲糾合之功，孟子以曾西之所不爲。孔子雖尊伯夷，然只列於逸民之目，而自謂「我則異於是」，孟子隘之語起於此。雖稱管仲，然小器、不知禮之譏，黑白較然，孟子羞稱之語始於此。孟子願學孔子，故不與諸子處，乃真與聖人同符，末學所未喻也。

子貢問管仲非仁，詳程子所論，知子路不當死於輒之難。後世有淺丈夫者，始以利合，後來值彼患難，遂相從以死，自以爲義者，要之與此無異。子路之未得爲正，管仲之未遽爲罪者，聖人所以開人悔過之門，未知然否。以所事而死之，正也；以所事非正而恕其不死，權也。管仲當時幸然不死，却無臨難規避意，後來事威公，亦無苟合意，故聖人權其事宜而謂其可以無死。後世爲人臣子，所事不正，既不能蚤辨，却到臨變時以管仲藉口，此則仲之罪人也。

孔門三尺童子，羞稱五伯，以其先詐力而後仁義。孔門之稱管仲，乃曰「如其仁」，又曰「微管仲，吾其被髮左衽」。何孔門不取，而聖人深喜其功？

管仲有仁者之功，自不可掩没。然其規模淺近，器度狹小，亦不逃君子之譏。孔門功過不揜，元氣之流行也。孟子功利不道，泰山之巖巖也。

夫子於季康子諸子問門人之仁，皆所不許，獨首肯管仲，豈在他人則進之，在門牆則麾之邪？仁有粗細。説細處，孔門諸子多有未能；説粗處，伯者之臣却能之。蓋管仲乃仁者之功，功雖可稱道，過自不可揜，必如三仁迺可耳。

桓公殺公子糾，召忽死之，管仲不死。以所事而死之。召忽之義，正以所事非正而可以無死，則忽爲傷勇，故管仲聖門置生死不論。

仁者，純乎天理。管仲，假仁者也，孔子遽許以仁，《集註》以爲「利澤及人」而許以仁之功。原其心，既未純乎天理，則功豈足以爲仁乎？或以爲如其仁者，仁管仲之仁者。

仁管仲之仁，前輩此説甚巧，但詳此章，聖人極口稱道，故晦翁不喜此説，作「誰如其仁」解之。蓋潛詳文勢當然，❶然大意只及人之功耳，其心之廣狹、公私則未論。至説小器處，却見心之廣狹、公私，瑕瑜不揜。

---

❶「潛」，元刻本、明刻本作「消」。

子曰：「志士仁人，無求生以害仁，有殺身以成仁。」及其稱殷之三仁，比干與焉，謂其足以成殺身之仁也。若夫荀息守先君之命，卒死於難，不審可謂殺身之仁否？

據荀息之事，只是以言許先君，不敢負它一死，謂之信則可，謂之仁則未。蓋上面大欠商量，獻公、奚齊之父子，於天理人倫上有何道？荀息與它一擔擔了，只是爲賊擔擔，故其死也，雖不得罪於獻公，而得罪於國人。所謂但知食焉，不避其難之爲義，而不知食出公之粟爲非義，若子路是也。合夷齊、三仁、陳文子、令尹子文、子路事看，便見仁不仁。

子貢問：博施濟衆與兼愛何以異？愚謂博施濟衆，皆自我推之，所謂「老吾老以及人之老」；兼愛則泛然愛之，無父無君之謂。

子貢揀極高大底來説，聖人只就低小處説。今不看聖人意，却就子貢脚下起意，纔隨子貢意，便陷落墨氏。所謂「老吾老以及人之老」，此却是低小處，發脚即非子貢意。

夫子言：「吾未見蹈仁而死者也。」後又言：「志士仁人，有殺身以成仁者。」蹈仁，有益無害，人何憚而不爲？此勉人爲善之語。若到殺身成仁處，是時不管利害，但求一个是而已。學者患不蹈仁耳，蹈仁則心無計較之私，若義所當死而死，雖比干不害爲正命。

愛主仁言。孔子許子産以「惠人」,《集註》以爲是其心一以愛爲主。未審可謂之仁否?

仁者,天下之公理。若姑息小惠,乃是私心,不可言仁。子産能食而不能教,知惠而不知政,故聖人但以惠人目之,仁則不知也。

孔子説仁多不同

聖人説仁,多就行仁處及用心處説。孟子以惻隱言仁之端,則是仁底正頭面。程子説四肢風痺則爲不仁,亦是。蓋其頑然不知痛痒,是無知覺,仁者此心渾融明達,斷不若此。惻隱之心是正頭面,人之爲人,滿腔子是惻隱之心,然此心不曾流行者,障翳未除耳。孔門工夫皆是務除障翳,故學者隨病求藥,聖人對證用藥,所以多不同。

剛毅木訥,如何是近仁?《集註》云:剛毅不屈於物欲,木訥不至於外馳,故近仁。切疑人之一身,若忠信愛敬等皆是大節目,若就仁上比,並更當何説?

剛毅木訥,有近仁之資;忠信愛敬,乃爲仁之目。剛毅木訥四者,出於天資,而未嘗學問,其資全,故可語仁,未嘗學問,故止於近仁。

「巧言令色，鮮矣仁。」是致飾於外以悦人，本心之德斲喪，而失其所以爲仁也。《記》曰「辭欲巧」，《詩》稱仲山甫曰「令儀令色」，則巧言令色，不見爲不可。何邪？

辭色未嘗不欲温和柔順，但務巧令以媚人者，必非誠實之士。既下了此等種子在心，將來狐媚蠱毒，皆此種子爲之，故聖門深戒。

「君子而不仁者有矣夫，未有小人而仁者也。」謝氏以爲毫髮之間，心不在焉，則未免爲不仁。意者君子有一念不仁，則便可退而爲小人；小人有一念之仁，則亦可上而爲君子。以爲未有小人而仁，豈其隙光半點者，皆不足取乎？

君子容有不仁處，此特君子之過耳，蓋千百之一二。若小人，本心既喪，天理已自無有，何得更有仁在？已自頑痺如鐵石，亦無醒覺之理，甚言小人之不仁也。此君子、小人，指心術邪正言。君子存心雖正，猶有私意間發之時；小人本心既無，縱有隙光暫見，決不勝其虺蛇之毒。此章深惜小人之喪失本心也。

「君子而不仁者有矣夫」，然君子去仁，惡乎成名，安有不仁者？

此章爲小人設言。小人決無有仁心者，不可以辭害意。

子曰：「人之過也，各於其黨，觀過，斯知仁矣。」《集註》云：「君子過於愛，小人過於忍。」不知合君子、小人之過觀之，則可以知仁，還是君子、小人各自於其過處觀之？

過於厚處即其仁，可知過於薄處即其不仁，可知觀其人之過，可以知其仁不仁矣。中含「不仁」字。

「好仁者，無以尚之；惡不仁者，其爲仁矣。」好仁必惡不仁，惡不仁必好仁，二者並行而不相悖。聖人必於好、惡上分輕重。何也？

性各有偏重。顏子正是好仁之人，豈不能惡不仁？只緣好仁，意思勝如惡不仁。孟子正是惡不仁之人，豈不能好仁？只緣惡不仁，意思勝如好仁。故各於偏重處成就。

「苟志於仁，無惡也。」方志於仁，未是行得仁，安保其每有盡善？夫子以爲「無惡」，不識志於仁，便可無惡否？

此是君子、小人分路，猶向東行人，一心向東去，無復有回轉向西之理，西行人亦然。「志」字當看「心之所之」之謂。

「博學而篤志，切問而近思」，何以言「仁在其中」？程子云：了此便是徹上徹下之意。未知這意思如何。

博而能篤，切而又近，如此學問，儘鞭辟向裏，心不外馳，故言「仁在其中」。蓋心存而仁便存。「徹上徹下」，謂下學中天理便在，此無兩个塗轍。學雖博而志則篤，問既切而思又近，是其日用之間，近理鞭辟，不向外馳，心既存在，則仁亦在是矣。指存心便唤作仁固不可，但離了心，外更何處求仁？

夫子曰：「有能一日用其力於仁矣乎？我未見力不足者。」則仁若易行也，但人不能用其力耳。至《表記》舉夫子言仁曰：「仁之難成久矣，人人失其所好。」則是人未嘗不用其力也，但人之爲道遠，爲器重，故人皆不得其至而止耳。夫子言仁，何難易之相戾如此？

聖賢言語，易處自易，難處自難，各有分面，全在當人領會。若欲論仁，不須如此攷異同。異同之學，只是尋行數墨，到這裏一齊放下，當玩滿腔子是惻隱之心，方是下工夫人。

張子曰：忠恕便是仁。

忠恕，學者之事；誠仁，聖人之事。忠猶誠，恕猶仁。學者能自忠恕行之，真積力久，亦可到此地位。

樊遲問仁者三。胡氏謂居處恭最先，先難次之，愛人最後。不知謂夫子告之有次第，還是人做將去，當循其次第？

第一節是爲仁下工夫處，第二節是趲它屈頭做工夫，但向前，不必計效驗，第三節是推其用。

克己復禮爲仁如何。

仁者，心之全德。惻隱之心，是仁之正頭面。緣私欲障礙，填滿胸次，則所謂惻隱者，始頑癖風痺，不復流行發見，必須先去己私，復還天理，則本來面目方始流行發見。克己工夫非有它也，即非禮勿視、勿聽、勿言、勿動之謂。既知此爲非禮，則視、聽、言、動，便當一一復還於禮。除四勿之外，別無克己工夫。工夫既到，則私欲浄盡，中無障蔽，滿腔子渾是惻隱之心，而日用之間，無非真心之流行發見。克己工夫若不於禮上用功，必流於釋氏寂滅之學。蓋徒知克去己私，而不復於禮，謂之空寂則可，若求其惻隱之仁，則如死灰槁木矣。故聖人以此告之。蓋才知非禮，便勿爲；才克此，即復彼；才復彼，則爲此。先儒以克己復禮爲乾道，主敬行恕爲坤道。豁開雲霧，便見青天，此顔子之仁；淘去泥沙，旋引清泉，非顔子之克己復禮也。

克己復禮爲仁，却疑克己未便是仁。如非禮勿視、聽、言、動，此是克己工夫。既説「勿」字，未便唤作仁。意者非禮勿視、聽、言、動，所以克己，克己方能復禮，復禮方始到仁否？

克去非禮，即是復禮，無許多支節。禮才復，仁便流行，非謂此處便是仁，更著思玩。克己是克其非禮之私欲，即是下文四句；復禮是既去其非禮，便還復於禮。故除四句之外，別無復禮工夫。來問分作兩段，支節纏攪，不是顔子陽剛明決工夫。顔子工夫，斬截徑決，掃除私欲，都無勞攘，猶如屋裏有盜，便開門逐去，不令存住。其它學者只是固其扃鐍，防守寇盜耳。所以先儒以克己復禮爲乾道，以持敬行恕爲坤道者，此也。

克己處莫如服藥且掃除許多病痛意思，復禮莫如病去後又著逐漸服藥調補意思，故上是克己工夫，下是存養工夫，才有上一截，便有下一截，相離不得。然詳味夫子答顏子克己復禮之目，專就禮上説，莫是又把復禮便作克己之目否？

此問支節纏攬，不可施於克己。但又有一説，聖賢所謂克己工夫，全在禮上，若克己而不復於禮，是空門之學也。空門一切掃去，直是斬截，但不復於禮，所以雖能掃除私欲，然所謂天理之節文，則蕩然無有。儒、釋至相近處，却有霄壤分也。

克己復禮是清其源，克伐怨欲不行是制其流。仁與不仁可見，然非禮勿視、聽、言、動，則是有非禮病在，謂之「勿」，則與不行者何異？

克己是掃除私意，天理流行於外；不行是遏絶私意，病根潛藏在心。仲弓閉門拒賊，賊去門開；顏子快刀斬竹，一斫一段。

《集註》云：「克己復禮，乾道也；主敬行恕，坤道也。」莫是顏子純於反己，仲弓猶規規然主一以行之故云？

顏子工夫，索性豁開雲霧，便見青天，故屬乾；仲弓工夫，著力淘盡泥沙，方見清泉，故屬坤。此處最難認，須細心玩聖賢氣象方會得。

非禮勿視、聽，是就事物防閑，所以由外以養其内；非禮勿言、動，是就自身檢點，所以由内以驗其外。然否？

四者皆接於外。制於外，所以養其中，無非檢點自身，如何以視、聽爲外，以言、動爲内？所謂鮮能知味。

一日克己復禮，如何便歸仁？

果能勇猛如此，則是涣然冰釋，霍然霧除，此理既行，故天下之歸仁於我。歸，如「歸鄆讙之田」之「歸」。

「回心三月不違仁。」《集註》横渠云云，「過此幾非在我者」，楊氏謂欲罷不能意思。

既分得賓主定，後加循循不已之功，從此自要住不得，正是欲罷不能。猶推車然：車未行前，必須猛下氣力，方推得他轉，車既行後，即輪勢自轉，雖欲止不可，此時不由人力，故云「過此幾非在我」。下工夫人要見此消息，便自省力去。

「回也，其心三月不違仁。」只是無纖毫私意，有少私意，便是不仁。入仁之門，固是多端，有少私意，未爲害，何爲便唤作不仁？

惻隱之心，所以不流行者，只是私意閉塞，滌除掃蕩，令閉塞處皆空，然後仁始流行。若不能下滌蕩工夫，許其少少容留在内，即根苗不除，些少處必會滋長，此是今人大病根。

橫渠解「回也，其心三月不違仁，其餘則日月至焉」，見賓主、内外之分。顔子一似自屋自住，私意蕩盡，統體是天理，此仁爲主於内；諸子一似住別人屋，主不常在，時來時去，此仁若屋中之賓然。蓋天理時或萌露，私意爲主故也。程門每以此意説與門人，語録可見。

孔子答「仲弓問仁」一章。程先生云：「孔子言仁，只説出門如見大賓，使民如承大祭，看其氣象，便須心廣體胖，動容周旋中禮，唯謹獨，便是守之之法。」謹獨，固是做持敬行恕工夫，然心廣體胖，動容周旋中禮地位，仲弓學力，當得未去。

大賓在庭，大祭在堂，是時境界如何？想是好一片空闊世界，只緣未下謹獨持敬工夫，欲見此境界不能。

《論語》一書，夫子言仁，未嘗兼「義」言之，孟子談説齊梁間，動輒取仁、義並言，何也？仁統四端，孔門故止言仁。至孟子時，人曉性分上道理不得，須至細別言之，故對分之則曰仁、義，四分之則曰四端。對分者配陰陽，四分者象四時。統而言之，則一元之氣，其實一理耳。

「君子義以爲質」一章，只以義爲本，而程先生添一「敬」字，是何所據而然耶？以敬爲主，則義乃方外，是敬爲體而義爲用。若以義爲質，則禮行此義者也，遜出此義者也，信成此義者也，是義爲體而三者爲用矣。

「居處恭，執事敬，與人忠。」程子以爲是「徹上徹下」語，如何？

徹上徹下，謂凡聖皆是此理。聖人一語，小則樊遲可用，大則堯舜不過，程子所謂語有淺近而無包容不盡是也。其説備見於仁、智二章。下學中，天理便在此，無兩个塗轍，此心學也。未純熟時，但曰下學，已純熟後，即是上達，無兩个塗轍。

行己之恭與事上之敬，亦可移易否？

敬者，恭之主於中；恭者，敬之持於外；亦有互見時節。

「德之不修」一章，分明是逐項逐條理會，然「聞義不能徙，不善不能改」兩句，似相協。若是上是遷善，下是改過，則須是改不善以從義，不知可做一串看否？

徙義不必因過而徙，但聞人善言，即當遷徙己見而移就之。若徒知善言之美，自安己見，不能即徙而從之，則何取於「聞義」？此與舍己從人之意同。改過自是一項也。

《子罕》：「知者不惑，仁者不憂，勇者不懼。」《憲問》言：「仁者不憂，知者不惑，勇者不懼。」何先後之不同？

先知而後仁、勇者，就入德而言；先仁而後知勇者，以就成德而言。

「據德依仁。」「據」「依」兩字可移易否？

據，如手所執之杖。依，如身所衣之衣。杖則容有時離手，衣則不容須臾離身，是一節密一節也。

「朝聞道，夕死可矣。」

此聞非謂耳聞，謂心悟也，即程門所謂「一日融會貫通處」。爲學若不見此境界，雖皓首窮經，亦枉過一生；若已到此境界，雖死無憾，亦不虚了一生也。非是聞道之人必要夕死，但苟得聞道，雖便死，亦可無憾。深言學者貴早聞道耳。

「君子博學於文，約之以禮」與《孟子》「博學而詳説之，將以反説約也」意相似否？

博學必約之以禮，是重在約禮；博學正將以反説約，是重在博學。蓋博固不可不反於約，然非博亦不能遽反於約，二者合而後備，乃互相發也。

顏子當博文約禮之時，既竭吾才，直是大段著力；及夫所立卓爾之後，雖欲從之，末由也已，至此又無所用其力。不知合如何下工夫？

到此際，力無所施，乃冰消雪釋，渣滓融化之境，雖聖人不能授顔子，顔子亦不能受之於聖人。今欲學顔子，未須問他此處，且把博文約禮作依據，日積月累，人十己千，備見高堅前後境界，將來不知覺，自有豁然融會時。

「仰之彌高，鑽之彌堅，瞻之在前，忽焉在後。」其旨如何？

高、堅是顔子初學時，未有所見如此。瞻之在前，是見道在前；在後，又見道過後了。瞻前忽後，此顔子恍惚見道未真，故不定。自孔子循循然有次序教之，先博以文，後約以禮，非博文則不能約禮，徒約禮而不博文，則禮之所約者何事？約禮是非禮勿視、聽、言、動，如今人師友相議論，退須自省在身可也。循循，又有不已之意。

「參前倚衡」，何物參倚？「坐立所見」，何物可見？

參前倚衡，不是有个外來物事，便見忠信篤敬；坐立所見，要常常目在之耳。此是學者存誠工夫，令自家實有這个道理，鎮在眼前不相離。

「如有所立卓爾。」

夫子德盛仁熟，自然到此地位上立，顔子却見道在前，欲要去此地位上立，便自不得，此雖欲從之，末由也已。使顔子假之數年，工夫亦可到，此顔子未達一間耳。

夫子「樂在其中」與顔子「不改其樂」如何？

樂只一般，須看所樂何事。二程被濂溪點當，從此醒悟。今説文字不難，須尋得他地位，方爲善學耳。

孟子三自反與顔子「犯而不校」，氣象如何？

顔子一身，渾是義理，不知有人。孟子見義理之無窮，惟知反己。顔子之量無涯，孟子之言有迹，但欲學顔子，先學孟子。

子曰：「吾道一以貫之。」曾子曰：「忠恕而已矣。」

一是一心，一貫對一個「萬殊」字，乃是以一理應萬事，如錢貫，以一條貫許多錢。《易》曰：「聖人何思何慮？天下殊塗而同歸，百慮而一致。」又曰「太極生兩儀」，至於生四象，生八卦，生吉凶，生大業，皆是以一理貫萬殊。如人讀一卷書，有千條萬緒，讀了時，却把一卷道理融化在此心，備衆理而該萬用，看人問他恁處，只是就心應他。聖門子弟多是去理會千頭萬緒，被他横塞胸中，只是多而不知融化了。看《曾子問》一篇，於事事物物，人所不點勘者，皆點勘過，夫子知曾子做多端工夫了，著得一貫道理點化他。惟曾子理會得過處，故一唯之外，餘無辭。至於出告門人則曰「忠恕」者，何也？蓋他人曉未得，不可躐等，使曾子便把一貫説，門人曉未得，故就學者身上討兩个字形容一貫，固不外中心爲忠，如心爲恕，此心是中便是一，推是以及人爲恕便是貫，學者則謂之忠恕，聖人則謂之誠仁。忠猶誠，恕猶仁。程子曰：「恕，行乎忠者也。」子思言違道不遠，却是忠恕正頭面，曾子把忠恕説一貫，所以不同。一貫之學，夫子亦語子貢，子貢擔當未過，故有疑辭，不如曾子見得透徹。「一貫」有兩个，此是以一理貫萬事，若夫下學上達，精粗本末，與此不同。一貫者，以一心而貫萬事之謂也。忠恕者，盡吾心而推及人之謂也。聖人一心，渾然天理，事物各當其可，猶一元之運，萬化自隨，初無著力處。至於學者，須是認得人己一般意思，却安排交入塗轍，須是下工夫方可。要知忠恕是一貫意思，一貫是包忠恕而言，忠恕似个生底一貫，一貫似个圓熟底忠恕耳。曾子在孔門，大小事都去理會將過，只是欠个串套工夫，夫子到此點當交醒，曾子豁然開悟，至教門人，却只指忠恕而言。程子又以「維天之命，於穆不已」而言忠，「乾道變化，各正性命」而言恕，然則天地是个無心底忠恕，聖人是个無爲底忠恕，學者是个有心底忠恕，其實歸于一而已矣。

一貫、忠恕，雖有大小之不同，大要都是心上做出。聖人之心，渣滓净盡，統體光明，具衆理而該萬用，故雖事物之來，千條萬目，聖人只是那一个心印將去，全不費力，如繩索之貫錢。然《易》所謂「何思何慮，殊塗而同歸，百慮而一致」者，正聖人一貫之説也。彼學者之心，被私欲障蔽，未便得他玲瓏，須是逐一蕩滌，以類而推，方能自己及物，如子貢所謂施諸己而不願，亦勿施諸人，却是忠恕正頭面。使學者工夫純熟，則一旦霧除雲散，自是一貫境界。是知一貫乃聖人事也，忠恕特學者事，但聖人見快，學者見遲。一貫是熟底忠恕，忠恕是生底一貫，本非有二道也。曾子恐門人曉一貫未過，故借忠恕以明一貫，是將一貫放下説了。若程子「於穆不已」「各正性命」之言，則借天地以明忠恕，是將揭起來説了。彼此互相發明，在人領會之耳。程子所言是無心底忠恕，進一步説了；曾子所言是用力底一貫，退一步説。

「夫子之道，忠恕而已矣。」如曾子所言，則忠恕便是道，「忠恕違道不遠」。如《中庸》所言，則不可便以忠恕爲道。

忠恕是學者事，《論語》是借學者以明聖人，乃是升一等説。《中庸》直言學者事，是本等語，《論語》是一貫地分，《中庸》方是忠恕正地頭。

《論語》「一貫」與《中庸》「合内外之道」、程門「體用一原，顯微無間」之説同否？

道理只是一個道理，有就吾心性上説者，有就事物上説者，自是兩樣頭面。今人都作一般看了，如何謂之識道理？夫《論語》之「一貫」，即《中庸》所謂「合内外之道」者也。聖人所以能推一心以貫萬事者，正緣他胸中渣滓净盡，統體光明，具衆理而該萬用，故雖事物之來，千條萬目，聖人只此一心應將去，全不費力，滿腔子都是道理，更無盡限。才無盡限，更不分内外，分中邊；才分内外，便是有盡限了；才有盡限，則便不能以一心而貫萬事，如何謂之合内外？《易》曰「天下何思何慮？殊塗而同歸，百慮而一致」，一貫之説也。至於程門之説，又就物理上論，即《論語》所謂下學上達，形色天性，灑掃應對，精義入神之謂也。及其歸，則一而已。

曾子曰：「夫子之道，忠恕而已矣。」程子曰：「以己及物，仁也；推己及物，恕也。」以與推，何分別？又曰：忠者，天道；恕者，人道。忠者，無妄；恕者，所以行乎忠者也。忠者體，恕者用，大本、達道也。此與「違道不遠」異者，動以天耳。

仁者，渾是天理流行，故不待推；恕者，未免私意間隔，故必待推。忠恕是對立道理，故以體用言。其體無妄，故言天；其用推行，故言人。

夫子告曾子、子貢以一貫之道，晦翁謂彼以行言，此以知言。既是一貫，如何分得？

以忠恕而明一貫，驗得是行；以學識而明一貫，驗得是知。一貫固不分彼此，但向人語處，入頭各有塗轍耳。

夫子之道「忠恕」。晦翁曰：盡己之謂忠，推己之謂恕。伊川曰：忠者天道，恕者人道。二者之説有異同否？

盡己，則忠實無妄，爲恕之體，故言天道；推己，則公恕流行，爲忠之用，故言人道。天人之分，體用之謂也。

子曰：「性相近也，習相遠也。」此固有上、中、下三品之不同，惟上智與下愚不移。夫不移者，豈不可得而移邪？如果不可移，則性亦有不善者？

性近習遠，是中品等人，可上可下，其性可以習而移；若夫超然之上智，冥然之下愚，是他生來賦性殊絶，其品一定，非習所可移也。故前輩謂善固是性，然惡亦不可不謂之性，皆是氣稟之性也。

「古者民有三疾，今也或是之亡也。」晦翁謂氣稟之偏者謂之疾，而取范氏説末世滋僞。豈賢者不如古，民性之蔽亦與古異？竊謂時固有古今，而氣稟之性亦有古今之異歟？

氣數有淳漓，故生物有厚薄，只正春時生得物如何，迨春末生物便别。後世生聖賢，既與古不同，即生暗蔽愚人，亦欲如古不得。

「毋意，毋必，毋固，毋我。」

意見與意念不可無，不是不好，只私意便不是。意才私便生計較，如做一件事，固是公界，然不免有干名好譽，雖公亦私，所謂有意以爲之，即私也。我者，如今人自稱，强自道才高過人，但知我，不知有理義，一向任意做事，此即是私意也。上意字只做意見、意念之意。必者，必期之謂。固者，固滯之謂。必在事前，如事未來，先自計較，有準擬之心，此事未來而心已忙。固在事後，如事已過者，只執滯，事已去而心不化。四者合説，晦翁所謂「始於意，成於我」者，此也。

「子絶四。」程子以爲「毋」非禁止之辭。晦翁以絶者，無之盡也。不識聖人四者盡無之後，更有何物？只有孤單底義理不可一息無。

「子絶四」，首之以「無意」。《大學》必貴於誠意，何也？「毋意」之意，謂妄念起而爲私意，則不可有；誠意之意，謂不起妄念而必實其意，此則不可無。

子曰：「攻乎異端，斯害也已。」《集註》云：佛氏之言，比楊、墨尤爲近理，所以害尤甚。觀孟子之論，楊氏爲我，墨氏兼愛，無父無君，其是非易見也。至於佛氏至精，説話與吾儒相去不遠，如韓退之闢佛，《原道》所言者，皆佛之粗也，至於精處，如《易》所謂「無思無慮」也，《中庸》所謂「中庸不可能」也，夫婦之愚，可以與知與行，及其至也，雖聖人不能知不能行也。佛氏曰：但願空諸所有，謹勿實諸所無，心虚無我，本無中庸，何能之有？本無知無能，何知能之有？孔子「吾有知乎哉，無知也」，則謂孔子真無所知。顔子「屢空」，則謂顔子不與物接。殊不知顔子空中却含萬象，吾之本體却是虚明，事至則應，了無滯礙，雖無而未嘗不有也。至於佛氏之空虚，真是無了，雖是盡性處，私欲消盡，與吾儒不相遠，只争個有無。故世間高明之士，見理微妙處，如程門中高弟謝顯道、楊龜山、尹彦明，多入於佛教，流於虚無寂寞之境，故其害爲尤甚。若夫世間無知之夫，惑於佛者，只爲利害禍福之應而已。故程先生曰：向之入人者，乘其愚昧；今之入人者，乘其高明也。

舊注説攻治異端，反爲吾道之害，與孟子闢楊、墨正相反。《集註》謂專治而欲精之，爲害甚矣。未知孰是。

凡今後學，捨聖學而入小道者，其意皆以爲捷徑得利，不知反以害己，今日之攻時文是也。

何謂「下學上達」？

「下學上達」，如言曲禮三百，威儀三千，無一事而非仁也。理會得底，則一部《論語》，聖人雖就人事上説，却無非言性與天道處；理會不得底，雖皓首窮經，鑽破故紙，仍舊不聞道。此處只關係自家心裏存在與不存在耳。心才存在，則見其然，必知其所以然；若不存，是謂習之而不察。今人只説事理一貫，然亦須分別次序始得，如程子言：形而上爲道，形而下爲器，須著如此就。❶下學人事，自然上達天理，若不下下學工夫，直欲上達，則如釋氏覺之之説是也。吾儒有一分學問，則磨得一分障礙去，心裏便見得一分道理；有二分學問工夫，則磨得二分障蔽去，心裏便見得二分道理；從此惺惺，恁地不令走作，則心裏統體光明，渣滓净盡，便是上達境界。

❶「就」，明刻本作「説」。

「喟然而歎」一章，何物如此難求？

自非聖人生知之聖，凡學者之求道，皆當下死工夫。所謂死工夫者，只是理會一個心，必掃去心中私欲，方見得道理通透。蓋吾心已具此道理，惟是私欲障蔽了，故不見。道學之所以難者，只是心體難得光明。顔子自博文約禮上逐節下工夫，到這裏滓渣逐旋消盡，是以喟然而歎，深述其先難之故，後得之由，到得見理皆透徹後，猶未能立於卓爾之地，此處却猛下工夫不得，須待自然融化，此一步最難。愚意謂道之難求處，最是私欲難克，道之著落，只是一片心，能使私欲蕩盡無餘遺，則心體昭融而道在我矣。

顔子之學無他，學爲聖人而已。聖人之道，不在聖人，只在心裏著落。顔子初學時，渣滓填胸，障塞了這個道理，方欲去鑽仰他，又愈見他高堅，全要入頭不得，瞻前忽後處，却是心地略略光明，依稀見得些子，猶未有真見在。自聖人教他博文約禮，顔子方纔有入頭處。博文是事事物物較量將過，約禮又逐一收拾上身上。顔子得這門路，一向低頭做去，心地日開一日，自要討住不得，到得真積力久，却全無一點渣滓，盡是道理流行，方見得此理常在面前立地，此時方是十分見得親切，但要如聖人在這地位上立，又自立未住。蓋緣聖人心地融洽貫通，❶打成一片，所以常在道理上立，顔子能守而未能化，三月之後，不免有少間斷，猶是心粗了，所以去聖人只争些子。今人若要到這境界，不過自博文約禮中來。

---

❶ 「洽」，元刻本、明刻本作「液」。

「不踐迹」，何以爲善人？

迹，謂古人之舊事。善人，天資自好，事事暗合古人，不是規規蹈古人之轍迹底人。先生又云：是他生質自好，不是隨人脚後行。

「温故而知新，可以爲師矣。」

蘧伯玉行年六十而知五十九之非，此非吾身過惡之非也，學得見識益高，義理益著，而温習故舊，知後來自有新功德，「日新，日日新，又日新」是也，然後心明理融，其應不窮，可以爲人師。師者，資師之謂。此兩句大包義理，不可作輕説了，才輕説了，如何温故知新，便爲人師？論其極，則爲人師，便是人樣，所謂動而世爲天下法，非夫子不足以當之。❶漢儒專門名家，各以一經授人，亦謂之師，與這個師亦異矣。於温故中知識又長一格，乃不竭矣。此與記問之學正相反，記問雖多，是死底，知新是生底。

夫子言：「苟有用我者，期月而已可也，三年有成。」布置紀綱，一年可辦，風行俗易，須待三年，此是聖人事。又曰：「善人爲邦百年，亦可以勝殘去殺。」又言：「如有王者，必世而後仁。」此是興王事。不知三年、

---

❶「夫」，明刻本作「孟」。

七年、百年、必世之近遠，其規模亦可略見否？

舜一年成市，三年成都，若到得民躋仁壽，比屋可封，亦須必世而後可。漢高帝業已定，七、五年間，民便可用，至刑措不用，直到文、景，積累六七十年方可。聖人與天地同流，故化成之效速而大；善人若山海藏納，故涵煦之功遲而小。

齊變可至魯，魯變何以至道？

王道，猶人之元氣。齊、魯之初，均有此元氣，只緣中間元氣各受些病，齊求速安，不於元氣調養，便以烏喙投之，一時却得康强，不知元氣已被此壞了；魯未曾用藥，猶得中盬，元氣却未壞，聖人與調理出，便自渾然本來个人。齊元氣已耗於烏喙，醫欲治之，定須先去了烏喙一段毒，始下得調理方法，到此時，方與變魯相似。齊、魯俱是聖賢之後，本都是王道，但魯則中間廢壞，用著修葺，魯雖不能修葺，然不曾改易周公法制，仍舊是這骨子，故聖人變魯一番修葺，便可復王道之舊；齊自威公以來，一反爲功利之習，把太公遺法一齊變了，雖一時振作，却傷動好骨子。設若變齊，須除去許多功利了，方還得骨子，重新修葺一番，始可復王道之舊。譬如兩个器，用却是好，上牢，骨只損壞，合著修整，這骨素依舊尚在。齊却不合用中牢，物料修整，雖一時光輝，却把元骨子壞也，故變魯只用一許多氣力，變齊須用兩許多氣力。

「麻冕，禮也。」注云：三十升。

一升是八十縷，一眼筬用兩縷，千二百眼筬，極細布。如禮三月之服，十五升去其半，世俗以爲七升半，不知乃是一眼筬用一縷，如今單串黄草布。

「大德不踰閑」一章。《集註》云此章之言，不能無弊。弊處何如？弊在「出入可也」。聖賢心密，若大若小，皆不令有小罅漏。子夏功疏，只照管得大處，小處不免走作，故有此語。便是開一線縫，不是盛水不漏工夫。今人連大處走了，又子夏之罪人。

宰我，言語科，所言必有過人者。如「戰栗」之對，短喪之問，「井有人」之問，殊可姗笑。「戰栗」，誠失言，此是宰我能言之病，取辦於荅問之頃，口給以禦人。若短喪、「井有仁」之問，乃是不飾辭以自欺，欲討論到真實處。

宰我以言語名，想是長於奉使專對之事，子貢亦有此長，《史記》可見，其不足者，學問之言也，故聖人謂「以言取人，失之宰我」。

程子謂子路只緣不達爲國以禮道理，若達，便是曾點氣象。借使子路達得此禮，何以見得與此氣象同？天高地下，萬物散殊，而禮制行矣。曾點胸次正如此。子路參得此透時，即油然天理呈露，無許多粗骨氣矣。

「子路問事鬼神」一章。《集註》云：「死生，人鬼，一而二，二而一。」死生，人鬼，雖幽明之事，了不相關，然天地間不過聚散、陰陽、屈伸。聚則生，散則死，伸爲人，屈爲鬼，有聚必有散，有伸必有屈，理一而分則殊，分殊而理則一，非微眇不可信之事也。

「君子於其所不知，蓋闕如也。」是責不能闕疑而率爾妄對也，疑則思問。夫子之責子路何意？疑則有問，可也。子路不曉正名之旨，不能虚心請問，便率爾强辨，反以聖人爲迂，是尚得爲問乎！

夫子爲政以「正名」爲先，必將具其事之本末，告于天王，請于方伯，迎公子郢而立之。夫衛輒、蒯聵，皆無父之人，《春秋》之法，人人固得而誅之，孔子果執衛政，如何廢得衛君，告于天王，請于方伯？或被不從，立子郢，郢又辭，在聖人又將如何？宜子路以爲迂。

既是以「正名」爲先，使衛君果用夫子，夫子第一義，且與敷陳義理，整頓名分，方做得他官爵。幸而見從，固無可説；如其不從，方似《集註》施行次第，或不可，則止。蓋是時未曾委質事他，乃是先正名分，不是先事之，而後謀之，進退之間，綽有餘裕。

竊意聞與達相似而不同。子張以聞爲達，雖認頭差錯，然亦難分别。

聞達，常人只做一般看，被聖人别出來，便分君子、小人。聞是名聞于外而中未必有，達是實有諸中而聲發于外。子張色取仁而行違，又毅然處之而不疑，故能名聞于外，而中實無有。達則反是。下三句正反上二句。聞是求其名，達是充其實，玉石相反。

「崇德辨惑。」子張、樊遲之問，夫子告之有異者，抑因其病而藥之歟？才開卷頭，便當識此。今日爲學，亦當如此。且各家自毉本身病，如前章問達，皆是對證用藥。子張務外而性率，樊遲計近效而理未明，聖人各隨其病而箴之。

「臧武仲以防求爲後於魯。」范氏謂之好智不好學。夫智施於要君，非正不可法明矣，夫子論成人，復取其智，何故？

「成人」一章，是合諸子之長爲一人。此是已鍛製底丸散，雖毒不爲害。若只用一物，無諸藥相濟，必毒人矣。

孔子於舊館人之喪遇，一哀而出涕，遂脱驂以賻之。顔子之死，其哭之慟，乃不肯與之車，何耶？脱驂舊館，以其在旅，無以將哀也；靳車顔子，以其有父，可以主喪也。

夫子「五十以學《易》，可以無大過」。夫學《易》於知命之年，所謂禍福吉凶之理，進退存亡之故，皆可以默識而周知，尚何過之可言？豈未學《易》之前，亦嘗有過來？學《易》，無大過，則猶未免於有過也。到聖人地位，越見義理無窮，儘有不到頭處，所以聞過則喜，昌言則拜，歷代聖人，存心如此，幾曾道無過？謂聖人無過，此淺學之談，聖人一生學問，未嘗自説無過，至此境界，才言無大過，猶似有小過在，雖是謙辭，然道理真實無盡期，當看此等爲聖人氣象。

「夫子温良恭儉讓」，此子貢形容夫子之德如此。不知五者足以盡夫子否？此最善形容處，如畫出一夫子，若張而大之，却與聖人不相似也。

「子與人歌而善，必使反之而後和之。」晦翁云：「蓋一事之微而衆善之集，有不可勝既者。」如何？必使復歌者，既欲彰其善之實，又欲暢其歌之情。而後和之者，示我樂善之無倦，詠歎而淫泆之也。只一歌詩耳，而意思綢繆，容與若此，豈非衆善之集乎！

孔子「從先進」，是夫子無取於文也，然周監二代，郁郁乎文，夫子又從之，何耶？「從先進」，是夫子欲復文武周公之舊，即從周也。文必似周公之舊方可從。周末文弊，已不足爲文矣。從周者，三代損益之勢當然。從先進者，周末文弊，救之當然，並行不悖。

怪力亂神，夫子不語。而《春秋》一書，常事不紀，所紀皆非常，何耶？

《春秋》，經世之大法，所以懼亂臣賊子，當以實書。《論語》，講學之格言，所以正天典民彝，所以不語。

博施濟衆與修己以安百姓，乃堯舜儘做得底，夫子以爲猶病，如何？

堯舜在上，保得天下無窮民否？天地之大，人猶有所憾，見得道理無盡期。聖賢亦未有盡處，安得不反躬自責？

籩豆之事，曾子以爲末；俎豆之事，夫子則「嘗聞之矣」，不以爲末，何也？

軍旅對俎豆，則軍旅爲末；道德對籩豆，則籩豆爲末。

《鄉黨》一書，盡言孔子，中間又言君子。朱先生謂君子即孔子。何不便説孔子？

即孔子做底，便是衆人合做底，故間稱君子。聖人以身爲教，故記者以教法書之。

孔子言王道，只言禮樂，如夏時、商輅、周冕是也。孟子言王道，只言政事，如衣帛、食肉、經界、井地是也。

意者孔子言王道之本，孟子言王道之務。

孔子爲學者言，止言經世之大綱；孟子謂時君言，當論濟時之急務。

子罕言命，《中庸》首言命，何也？

性與天道，聖人罕言，乃不躐等之教。學問之家，所理會者何事？却禁人口不言邪？

孔子言射曰：「其争也君子。」孟子言射曰：「不怨勝己者，反求諸己。」此是全無争。惟其不怨勝己者，其争也，乃君子之争，而非小人之争。既謂君子之争，則雖争猶不争矣。君子之争者禮義，小人之争者血氣。

孔子曰：「父爲子隱。」石碏使人涖殺石厚，大義滅親，如何？

證父家之私事，事主恩，故見父而不見他人；除亂國之大事，事在義，故見君而不見其子。道理不一，當在父子則父子重，在君臣則君臣重，所謂爲人子止於孝，爲人臣止於忠，地位各不同也。

孔子曰：「邦有道，貧且賤焉，恥也。」答原憲則曰：「邦有道，穀，恥也。」

上章之恥，恥於無德可進；下章之恥，恥於無道可行。仕宦止於食穀，他無一事可爲，是亦足恥也。經中是含此義。

孔子自衛反魯，於《詩》、樂之正，惟及《雅》《頌》而不及《國風》，何邪？

自衛反魯，止是正樂，非謂删《詩》。《雅》，大率朝廷之樂章；《頌》，大率宗廟之樂章；《風詩》可奏於樂者，惟二《南》及《豳風》。《詩》云：「以《雅》以《南》。」《禮》云：「取《豳風》。」列國多不正之聲，廟朝所不奏，故正樂只言《雅》《頌》。

過庭之訓，夫子必曰學《詩》、學《禮》，閒居之時語子貢，亦曰《詩》之所至，《禮》亦至焉。六經皆經也，惟《詩》與《禮》，聖人每兼言者，必有相資處。

《詩》《書》《易》《儀禮》《周官》是古書，是時未有「六經」之名。《書》紀帝王事。《易》是卜筮書。《周官》是職官、法守、條例之書，於學者未爲切要。《詩》能興起人心。《儀禮》可固人肌膚之會，筋骸之束，於初學爲最近，故聖人以此爲學者門户。今世則以《論語》《孟子》爲門户。

「子在川上」一章，孔子只是説天地間道理流行，無有窮盡，如水之更往迭來，晝夜常恁地，初無一朝停息，即此是道體，大意亦可見。《集註》云自漢以來，儒者皆不識此義。如何？

自漢以來，號爲儒者，只説文以載道，只將經書子史喚作道。其弊正是鑽破故紙，不曾聞道，所以道體流行天地間，雖匼匝都是，自家元不曾領會得。然此事説之亦易，參得者幾人？必如周、程、邵子胸次，灑落如光風霽月，則見天理流行也。

夫子：「素隱行怪，吾弗爲之矣。」又曰：「舉逸民，天下之民歸心焉。」夫既惡之，而復取之，何不侔？

素隱行怪，乃賢智之過者，不是不好底人，但不合聖人之中庸，故不爲之耳。

「前言戲之耳」，善戲謔兮，此亦聖賢有底事。横渠謂「戲言出於思」也，莫斬斷太過否？

善學柳下惠者，當如魯獨居之男子。

弘毅、任重道遠，可移易否？

弘，言其量之容，猶大車之足以載重。毅，言其力之勁，猶健馬之足以致遠。可以移易，非聖人之文矣。

子謂顔淵曰：「用之則行，舍之則藏。」按《集註》引尹氏一段，言用舍無與於我，行藏安於所遇，命不足道也。既是以所遇而言，則命在其中矣。

此蓋隨遇而安，不待以命自處，乃聖人樂天事；以命自處，賢者以下事。命在其中，此語得之，但不説耳。

「吾斯之未能信」，指何物而言？程先生曰：「漆雕開已見大意。」

斯，乃指心而言。心者，萬用之源。漆雕開於心體上猶覺群疑滯胸，未到昭晳融會處，所以未敢出仕，必欲吾心無毫髮之疑，透底光明瑩潔而後可。是其所見已自高於世俗諸儒，但其工夫未到頭，故止於見大意耳。夫子説者，説其學知大原，不安小成。

「衣敝緼袍」一章，子路不以貧富動其心，而可進於道，如此在陳絶糧，如何耐不得，至於慍見？子路於世間名利關，大界限分明處已見得破，但其工夫粗疏，未入聖賢閫室，所以聖門常欲抑其所已能，進其所未能。

「子畏於匡，顔淵後，子曰：『吾以汝爲死。』曰：『子在，回何敢死？』」不識夫子設或遇難，顔子亦當死底道理。

朋友同遇患難，有相死之義，謂各盡其扶持救衛之道，無委棄之理。若死不死，則有幸不幸存焉，非必輕死求鬬謂之相死也。

孝者，百行之原。曾、閔之在，孔子均以孝稱。德行之科，何曾子不與？想曾子是時德行未成，兼四科之説，起於後世，不知當時只指從游陳、蔡者言之，或是當時曾子不在行也。

「士見危致命，見得思義，祭思敬，喪思哀。」外此，於性分之所當盡，職分之所當爲者，豈無他事？而子張以爲「其可已矣」，語莫欠圓否？

士者，一男子之事。古人説士處多如此，不要將君子、小人雜看了，只此等事，豈易？非奇男子不能。子張語病在末梢句。

「三年無改。」游氏謂亦在所當改而可以未改者耳。敢問。

事變隨宜，雖孝子繼父，豈能無當改處？但方哀戚之中，雖所當改，亦未暇改，蓋哀戚之心，有以勝之耳。

「邦有道，危言危行」似非中庸之道，何聖人捨中庸而從危峻？

高峻者，廉角之稱，非詭險不平正之謂。士必有廉角，乃是持身中正庸常之理，況能視時舒卷，豈非中庸之道邪？今以毀方瓦合、同流合污爲中庸，此聖人所以惡鄉原也。

危言危行，固非中庸之道，但用之有道之世，儘不妨用之；無道之世，不可不斟酌。故聖人只許危其行，不許危其言，見不是常用道理。

「不患莫己知，求爲可知也。」愚意才有「求」字，用意已自不實了。

於在外不可求，於在我則不可不求，所謂君子之求之也，其諸異乎人之求之歟？

「君子貞而不諒」，又曰「友諒」，何如？

貞有正固之道，諒乃執信之義。諒對貞言，則視正固爲不足，止爲小信，若專言之，不害爲執信之美德。

從事於六藝之文，所以致知格物也。《大學》以致知格物爲先，《論語》游於藝，乃在志道、據德、依仁後，何邪？

格物謂窮極乎物之理，游藝則玩適乎藝之事。窮極其理，講學之先務；玩適其事，德盛之餘功。游藝在據德、依仁之後，最著玩味，與博學於文教六藝之境界全別，有初學、成德之分，蓋此是德盛仁熟之後，等閒玩戲之中，無非滋心養德之地，如孔子釣弋是也。從心所欲不踰矩者，正其境界歟？

文，《詩》《書》六藝之文。必學文者，蓋致知格物由於此也。自致知格物，而充之於力行，則自正心、誠意而下，方有許多道理。古人之所以自正心、誠意，至於治國、平天下，不過孝弟、謹信、汎愛、親仁許多事，夫子則以爲行有餘力，而後學文，毋乃從後一截工夫做將起？

弟子乃小學之人，小學之事，專教之以六藝，但聖人尤欲其務本，故必先教之以孝悌、謹信、親仁、取善。其本既立，乃可學文，是小學之事，格物是大學之事。學文止謂習其事，格物方明其理。故學文爲小學之終事，格物乃大學之初功。

「晉文譎而不正，齊桓正而不譎。」二公皆假仁者，何夫子便以正許桓公？以二人相較，彼猶善於此，其得罪於三王則一耳。

興《詩》，立《禮》，成《樂》，雖大學之次，然古人小學已學此矣，是知古人終身之學，不離乎三者之中。要知躬行之久，自有所得，興起善端，則於《詩》有得，故朱子以爲「非初」一節止理《詩》也。此三者，論終身所得之序，非謂始初爲學次第。來說大概得之，但說終身之學不離此三者，仍是錯了，若曰所學，有何限量？但既學之後，其始興起處是於《詩》上有得，其中存立處是於《禮》上有得，其終成就處是於《樂》上有得。

「中庸之爲德，其至矣乎。」程子云：「不偏之謂中，不易之謂庸。中者，天下之正道；庸者，天下之定理。」蓋謂不偏方是正道，不易方是定理。上兩句正解字義，下兩句復說道理，如此謂不偏便是正道，不易便是定理。來說「方」字失意。

子曰：「富而可求也，雖執鞭之士，吾亦爲之。」《集註》以爲設言富若可求，則身爲賤役以求所不辭也，然有命焉，非求之可得也。則聖人特限於命之所不可耳。

義以責君子，命以安中人。此章爲中人以下假設耳。

顯道曰：顔子學得親切如孟子。不知顔子所學，甚處與孟子相似？

學顔子有依據，孟子才高難學。蓋顔子之學，親切勝如孟子也。來問錯認。

「動容貌，斯遠暴慢矣」一章，「斯」字之義如何？

君子持敬成熟，開眼便見此理，更不待旋次安排。謂如一動容貌，當下即無一點暴慢；一動顔色，則便近信；一出辭氣，即便遠鄙悖。蓋持敬效驗如此，若待言動之後，旋次點檢，安得相應之速如此？學者持敬工夫，當其未成熟時，須著呼唤方來，及工夫熟後，須見此等境界，然後謂之成熟。蓋「斯」之爲言，猶綏斯來，動斯和，應驗疾速之謂也。

「古之學者爲己，今之學者爲人。」

實心爲善是爲己，夾帶名利是爲人。

夫子謂上智下愚不移。若下愚困而能學，加人百倍工夫，可以轉移否？

程子謂非不可移，人自不移耳。若據《論語》而言，則是生來性品已絶，決無可移之理。

程子謂灑掃應對，便是形而上者，故君子只在慎獨。灑掃應對，雖是至粗淺底事，但心存在則事不苟，此便是上達天理處。謹獨是存主此心，存此心便是存天理。

夫子以驕、泰分君子、小人。《大學》所謂驕泰失之矣。如何分别？本是一事，聖人隨事設教，自分别出來，則有霄壤之分如此。比周、和同、聞達等皆是。至今《大學》只作一字用，遇當别時，須還如《論語》分别。

「其爲人也孝弟，而好犯上者鮮矣。」晦翁謂鮮是少。若説「鮮矣」，則未以爲絶無，孝悌之人猶有犯上之意邪？

孝悌之人，資質粹美，雖未嘗學問，自是無世俗一等粗暴氣象，縱是有之，終是罕見，到得粗惡太過，可保其決無。言孝悌之人占得好處多，不好處少。

「道千乘之國」一章，似皆就政事上説。《集註》謂此特論其所存，未及爲政。治國有刑政、禮樂、紀綱、文章，萬目皆當開張。此條且論他存心處，乃爲政之本，其他未暇及。

「信近於義，恭近於禮。」晦翁以近爲合中。近者，附傍之謂。約信之初，須是附傍於義，而不爲一切之信，則將來言斯可踐。爲恭之初，須是附傍於禮，而不爲太過之恭，則將來不恥辱。此一章三事，不可做一串看，始於爲信時能近於義，則將來言斯可踐；始於爲恭時能近於禮，則將來可遠恥辱。始初如因依進身時得一可親之好人，將來此人也可做宗主，不止一依他也。三事皆欲慮終而謹始，不可一時苟且。

性中只有个仁義禮智，曷嘗有孝悌來？今人生則知愛其親，長則知敬其兄，皆是心中流出，略無一毫勉强意思，然烏知其非性中所有邪？

此不待説，但先儒慮學者以仁後孝悌入，先有孝悌，而後有仁，故特轉此語以别之。蓋孝悌，乃是仁流出，不是仁從孝悌中入，性只是四端，其他衆善皆四端之支分派别也。仁是性，孝悌是用，用便是情，情便是發出來底。論性則以仁爲孝悌之本，論行仁則孝悌爲仁之本，如親親、仁民、愛物，皆是行仁底事，但須先從孝悌做起，人有此心，以其有此德也，此心不在，便是不仁。

「禮之用，和爲貴。」程先生皆以和作樂説，朱先生獨作禮説，何所折衷？

説經且看大字者，小字者，只説大字理出，今大字只言和，即非樂可知。小字却言樂者，蓋禮之和處便是樂，所謂行而樂之樂也，故以樂事襯貼「和」字，非於禮之外别取一物來解和也。認程門説話熟者不差。

程子曰：「知巧言令色之非仁，則知仁。」巧言令色固是非仁，所謂「則知仁」者，莫便是剛毅木訥近仁之説？

惻隱之心，是不安排、不裝點之真心。欲觀仁者，當於此處驗之，巧好其言，令美其色，安排裝點以求媚於人，是誠何心？

「盡己之謂忠，以實之謂信。」信便是實，而朱子乃云忠是實心，如何？

忠是心之實，信是言之實。

程子曰：樂由説而後得，非樂不足以語君子。據本文「君子」乃係於「人不知而不愠」之下，而此云爾者，豈是到不愠處方是真樂否？

説然後有樂，樂然後有君子。此言三節之序。

「禮之用，和爲貴。」《集註》謂：「和者，從容不迫之意。」蓋和乃出於禮之自然，却非是禮外面事也，如人知父合坐，子合立，君尊臣卑，皆出於天性之自然，無一毫勉强意，便是禮之和。而禮雖有節文之多，聖人制作，更無强人處，皆是合用如此。人才知此意，便安而行之，安處便是和，則先王之道於此爲美，小大皆由之矣，又何有所不行？謂知和而和，不以禮節之，亦不可行。晦翁謂知和而和，却是一向去求安，須是離了禮。愚意謂既知和本於禮，人皆安而行矣，何至於求安而離禮，而又以禮節之乎？《集註》謂「嚴而泰，和而節，此理之自然，禮之全體也」，其語已精切，更乞詳示。

禮之用處，以從容不迫爲貴，如季氏祭，逮闇而祭，日不足，繼之以燭，雖有肅敬之心，皆倦怠矣，此是不和。不善用禮者，但見其如喫木札然，全無滋味。子路質明行事，晏朝而退，孔子許其知禮，此是用得從容和易，安閒自在，古禮如此，❶即有生活意思，所以爲貴且美。然若但求和易而失其節文之本體，則又却不得有子此語。要人活絡行禮，又恐其偷滅節文，故又爲之設戒。大意和在禮中生，則爲美；和出禮外生，則爲失。

「夫子温、良、恭、儉、讓。」「良」何以「易直」言之？

古語有「温博易良」，又有「易直子諒」語，《集註》恐取諸此。

「君子不重則不威」一章，專以「主忠信」三字貫一章，得否？

且逐句看了，然後看他錯綜意。人道以忠信爲主，孔子屢言之，所以《集註》欲先立此爲主人翁也。

❶「禮」，原作「體」，明刻本作「体」，據元刻本改。

「賢賢易色」一章，《集註》謂「賢人之賢，而易其好色之心」。伊川謂見賢改色，有敬賢之誠。愚恐改色之說，只改易於一時，所謂「見君子而後厭然，揜其不善，而著其善」相類。易其好色之心者，去讒而遠色，賤貨而貴德，所以勸賢也。此意却精切。

來意自是，但以改色如《大學》之語則非。此是爲惡之小人，見君子則有飾詐赧容。程子之改色，乃是改容動貌，肅然起敬意，見好賢之有誠心，與《大學》小人正相反，不可以是爲比。

「子曰：道千乘之國」一章。《集註》云「五者反覆相因，各有次第」。如何？

能敬方能信，能信方能節用，能節用方能愛人，能愛人方能以時使民，此相因之序。敬又須信，信又須節用，節用又須愛人，愛人又須使民以時，此反覆相因也。

「有子曰：信近於義」三句。晦翁謂此一節須作兩截看。上是交際之初，便用思量著到底，下面一截「言可復」三句，乃是近後無弊之效處。又曰：後來看得信與義，恭與禮，因與親，各是一事。既曰「近」字，如何各各是一事？

舊説因信、恭而不失其所親近之義、禮，則可宗，是合作一事。晦翁方析而爲三，如今《集註》所説，故云各是一事。不見全文，恐當如此看。

「爲政以德」，謂以身率之。《集註》云「無爲而天下歸之」。如何？以北辰取喻，豈非無爲而天下歸？惟是將自家一身與天下做樣子，故人只看這樣子，便自歸去做，不假告詔，不假叮囑也。

「非其鬼而祭之」，《集註》謂非其所當祭之鬼。不知當祭之鬼，只是先祖否？固是今世淫祀，若浮屠、老子之類，皆係非鬼之數；若先聖先師，則所當祭而祭之者。

「孟武伯問孝，子曰：父母惟其疾之憂。」《集註》云：「人子能使父母不以其陷於不義爲憂。」武伯貽親憂處多，故聖人以此病之。惟是以其疾貽憂，此却人子無可奈何，與其他招憂不同。

「巧笑倩兮，美目盼兮，素以爲絢兮。」既是以「素兮」，❶何以謂之「絢」？子夏正如此發問，既是以「素兮」，❷何以謂之「絢」？孔子因舉古語「繪事後素」以解之，謂繪畫之事，後於

❶「兮」，原作「分」，據元刻本、明刻本改。
❷「兮」，原作「分」，據元刻本、明刻本改。

素質。蓋必先有倩盼之素質，而後可以施鉛華之絢。若以吾友之言，當云「素繪」，即不云「繪事後素」矣。

或問禘之說。

禘者，王之大祭。周以后稷爲始祖，又推帝嚳爲所自出之祖，而以后稷配之。天子七廟，三昭三穆，與太祖之廟而七，各有廟主，惟所自出之祖，則時節相去甚遠，無廟。所謂祭者，虚空望祭，非仁孝誠敬之至不能也，才知得禘祭道理，足以感此神，則於治國、平天下之道，何難之有？

「夏禮吾能言之」一段，孔子以爲文獻不足徵。若以殷因於夏禮論之，雖不必待文獻以爲徵，亦可也。所因只是三綱五常，固不待取證，若其制度文爲，隨時損益者何限？既無文獻可徵，雖聖人不能意料臆説也。

子貢欲去告朔之餼羊。竊疑子貢未嘗肉食於魯，餼羊當去不當去，子貢如何干預？此但師友講論，非必實司此事。《曾子問》一篇，自天子達庶人，無不講明，豈必身履邪？

「我未見好仁者，惡不仁者。」愚意好、惡不兩立，才好仁，便惡不仁，是一個體段。雖賢人君子，自有稟陰陽之意偏重者，好仁者稟陽氣重，顔子是也；惡不仁者稟陰氣重，孟子是也。顔子正是好仁之人，豈不能惡不仁？只緣好仁意思勝如惡不仁。孟子正是惡不仁之人，豈不好仁？只緣惡不仁意思勝如好仁。雖學問情性有互相發見之時，但終不勝偏重者，是各有偏重成就，顔子一味祥風慶雲，孟子只是泰山巖巖。

「我未見好仁」一章

此有三節，有三未見，本文可玩。如欲見聖人而不能，故思見賢人；欲見賢不能，故思見善人之類。

《集註》云：程子曰：「維天之命，於穆不已，忠也；乾道變化，各正性命，恕也。」天本不可以忠恕言，但上面是天之誠，下面是天之仁，晦翁欲人之易曉，乃借忠恕譬喻，使人知天之誠，即學者之所謂忠；天之仁，即學者之所謂恕。濂溪只是个「幾」字，横渠只是个「豫」字，伊川只是个「敬」字，皆平日涵養之熟，得他受用，故觸處不忘。

一貫與中庸合内外之道。程門體用一源、顯微無間之説同乎？

一貫有兩个頭面，如《論語》中説，却與中庸合内外之道是一个頭面。蓋《論語》一貫，只是心地統體光明，含具天地間道理，看事業如何樣來，只是一心印將去；中庸合内外之道，亦説性是虚明之體，緣他虚明了，便具許多道理，故未應非先，已應非後，要分内外不得。此乃説性與天道處，自是《論語》一貫境界。若體用一源、顯微無間，是説下學即上達，形而下者即形而上者，精粗本末只是一理，與前一貫不同。但這兩樣到識心見性時，依然是一串事，一貫是以一貫萬，就道理總頭上説；一理是以道貫器，是就逐物上説；事事物物各具太極上，即心即性，便是太極，即事即物，各具一太極，兩家依然共一家也。

明道云：「以己及物，仁也；推己及物，恕也。」伊川云：「仁所以能恕，恕所以能愛。」是則恕是仁之發見。質之明道所言，則以己及物，尚有事於推乎？

恕之得名，只是推己之義。然所以能推己者，爲是人心有其仁也，若元無是仁，何處推得來？

明道云：「忠恕」兩字，除一个不得。而夫子曰「行之以忠」，是除却恕。又曰「其恕乎」，是除却忠。忠、恕果可以盡一，一界可止於忠恕乎？❶

此一段最宜詳味，是《論語》第一義，不可只如此看。「行之以忠」，行處便是恕；「其恕乎」，所以恕者，便是忠；所以除一个不得也。

《集註》云：「以己及物，仁也；推己及物，恕也。」仁是不待勉强，恕待推方可，故於「無」「勿」字上分別。然「以」字與「推」字最難認得親切，若「己所不欲，勿施於人」與「能近取譬」處，固是恕分明，至於「我不欲人

❶ 「界」，疑當作「貫」。

加諸我」與「己欲立而立人」，《集註》謂是仁之體段如此，愚以爲才説「欲」字，便有勉强意。仁者，己私銷盡，中無障礙，故説己即人便在，不得以類而推，所謂以己及物也。恕者，方欲滌除己私，尚有障礙，因己而後及人，必待以類而推，所謂推己及物也。仁、恕用心，皆是與物公共意思，但仁者見得快，恕者見得遲耳。凡言欲者，皆己所欲之欲，正是以己所欲者施於人也，所不欲則不施。若如來問所言，當云己立而欲立人，己達而欲達人，經文却不如此，更請詳之。

一貫、忠恕。

子曰「參乎」至「忠恕而已矣」。曾子之學，主於誠身，其於聖人之日用觀省而服習之，蓋已熟矣，惟其未能即此以見天道之全，則不免其有二也，然用力之久，亦將自得矣。故夫子以一貫之理告之，蓋當其可也。曾子於是默契其旨，然後知向之所從事者，莫非道之全體，雖變化萬殊，而所以貫之者，未嘗不一也。此其自得之深，宜不可以容聲矣，故門人有問，而以「忠恕」告之者。蓋以夫子之道，不離日用之間，自其盡己而言，則謂之忠；自其及物而言，則謂之恕；本末上下，皆所以爲一貫，惟下學上達焉，則知其未嘗有二也。夫子所以告曾子，曾子所以告門人，豈有異旨哉？

一貫，如今錢貫，蓋以一千之錢散亂無統，必是一索串之，而後貫一而無遺。曾子之學，已有此一千了，但未有以貫之耳，故夫子曉之，令其貫於一而見其全體妙用耳。

程子所言是無心底忠恕，進一步説了；曾子所言是用力底一貫，退一步説了。

「强恕而行,求仁莫近焉。」或疑强恕不言忠。出《或問》。晦翁曰:有心爲恕,則忠固在其中矣。夫恕者,推己及人之謂。所謂有心於爲之者,亦爲其推及人之事耳,未見所謂盡己之意,不知何謂「在其中」?所謂無忠做恕不出,「忠恕」二字不容去一者,何説以通之?既曰推己之謂恕,若自己心元自不實不盡,元無忠赤惻怛骨子,更將何物推己以及人?以此見説「恕」字,必有忠在源頭了。所謂無忠做恕不出,此語儘有意味。人皆不忠之恕,惟務苟且姑息於一時,不復有己可推,亦不復近仁矣。

子貢曰:性與天道,不可得聞。既下「言」字了,必曾説來。非是不言,爲罕言,故學者不得聞。横渠云聖門以耳悟爲「聞」之説,其説近禪,《集註》不取。

「子文三仕」一章。晦翁謂子文「喜怒不形,物我無間」,就他無喜愠上説,其實子文似承當此句全體不去。只看此兩句,似仁模樣,故疑令尹當不去,須兼看下面「知有國而不知有身」一語,方表是忠。「物我無間」謂以舊告新。爵禄,國家爵禄,不可認爲己有,而妄生喜愠;政事,國家政事,不可認爲己能,而自分新舊:皆忠也。

行己之恭,事上之敬。

敬者,恭之主於中;恭者,敬之持於外。互見意。

程子曰:施諸己而不願,亦勿施於人,恕也;我不欲人之加諸我,吾亦欲無加諸人,仁也。謂仁、恕之分,在於自然、禁止之别。以愚觀之,勿施於人,固强勉行之,而「欲無」一字,亦强勉禁止之謂。據此一章,只有「勿」「無」二字分别乃是,記者當辨於辭氣之間。孔門言語,一似法律,讀者當如法家,一字不可取次過了。若不分别此字,聖人不與,是何故?只緣俗語先入,故於心裏放不下。

「子使漆雕開仕」一章。程子謂「漆雕開已見大意」。如何?

開於心體上猶覺群疑滯胸,未到昭晰融釋處,所以未敢出仕,見其所見處已自高於世俗諸儒,但其下工夫不到頭,故止於見大意耳。曾點亦然。

「季文子三思而後行,子曰:『再斯可矣。』」《集註》云:「君子務窮理而貴果斷,不徒多思之爲尚。」

大凡應事,一思底已是,再思則親切,三思則計較起私意,反生將前个真底失了。孟子曰「可以取,可以無取,取傷廉」云云,晦翁解亦有此意。「可以取」是初來思底,「可以無取」是再思底。已見得這個道理,故不必又思。下文「取傷廉」,皆斷辭也。若夫爲學之道,則不厭思。只爲應事言之。

子路尚勇，聖人裁成警戒之多矣。「由也升堂」，學已造乎正大高明之域矣，其後又死於衛孔悝之難。子貢貨殖，聖人嘗少斥之矣，聞性與天道，學已臻於高明之境矣，其後終不能去其富貴之心。夫好學如二子，作成於聖人，而氣質卒不能變，何也？其是處可爲吾師，不是處可爲吾鑒，但當以古人能而我不能自愧，不當以我不能而援古人之不能以自恕。子路、子貢有多少好處！

冉子請粟，與原憲辭粟，却疑此當以類相從，而爲一章。若其同時，則孔子使子華，必是致禮於親故，不然人臣無外交。古者大夫束脩之問，不出境。孔子爲司寇，恐無私使鄰國之理。此未必同時，記者以類相從。子華之使，乃師友之禮，親故之好，必非私交鄰國。

「犂牛之子騂且角。」

祭天地之牛角繭栗，宗廟之牛角握，社稷之牛角尺，以其色既赤，又且角中程度也。

「回也其心三月不違仁，其餘則日月至焉而已矣。」

仁者，心之全體，惻隱是正頭面，爲四端之首。心苟不仁，則頑然風痺，豈知羞惡、是非、恭敬哉？然是用工處，只是掃除私欲，放教惻隱底出來。顔子工夫純熟，私欲净盡，故三月不違離耳。然三月之後，略有私意萌動，則便是去離了，只是顔子不遠復，才有間斷處，依舊又接續了。若聖人，則自生至死都無一毫私慾，滿腔子都是仁，無少間斷。顔子所以未達一間者，正以此耳。諸子工夫不熟，或一日至此境界，又復離去了，或一月至此，其功尤疏，與顔子不同。蓋顔子常在仁裏坐，如主人翁，雖時或出外，又便歸來，諸子如賓客相似，或一日點到此坐，或一月點到此坐，便又出去，所以張子曰内外賓主之辨，蓋起於夫子「至之」一辭。

内外賓主之辨

顔子爲主，餘子爲賓。主則常常在内，時乎暫出而復入；賓則常是在外，時乎一入而遽出。以見顔子之心有常，餘子之心無常。

顔子之不遷怒，與喜怒哀樂皆中節，如何？

當其怒時，見理而不見怒，故怒所可怒，而不遷於他。此克己陽剛工夫，峻潔之甚，其要固歸於中節，但以中節言，顔子無起發人意處。

濂溪每令二程看孔、顔所樂何事，二程從此得道，後絶不明言與學者。

孔、顔之樂，非是以道爲樂，才説以道爲樂，則以是道爲猶在外。以我心而樂之，便不是孔、顔氣象。蓋孔、顔胸次，如光風霽月，全無一點塵滓，滿腔子都是道理，故其心廣體胖，無入而不自得者，所樂即是道也。若但以孔、顔之樂不可形容，而不知其所樂何事，則有耽空嗜寂之病。聖賢著實工夫，豈是欲人懸空坐悟？所以濂溪必令二程尋其所樂何事。但孔子自生至死，常在天理上行，故其樂無處不在。顔子克己工夫純熟，故與孔子一般。彼諸子特以道爲樂耳。

顔子之學，與曾點「風乎舞雩，詠而歸」，氣象如何？

六軍在前，萬務在後，聖人胸次氣象常如此，顔子同曾點却不能常如此，爲其志大而行不掩，所以做不到頭。

「知者樂水」一章。竊謂仁者、知者皆指成德地位也。既是成德事，必不拘一端，意者各自其性中偏重成就，故所樂不同，若顔子、孟子者邪？

緣性稟有偏重處，故其德之成就各於偏重處得力，所以有二種人，仁若顔子，知若孟子。

「犂牛之子騂且角。」司馬遷謂仲弓父賤行惡，則是聖人對人子面前目其父爲犂牛也而可乎？

此非面謂仲弓，乃居常與門人言之爾，只不合多了「曰」字，但前後亦有此例，如子謂顔淵曰「惜乎」之類，豈是面前語顔子邪？父賤行惡而子賢，何害於事？必揀不好底，豈非無大見識邪？

孔子以政事稱冉求，比用於季氏，僅能聚斂而已。不知夫子於何取之？只以政事稱，便於學問上有欠闕，所以孔門常攻其短。

「人之生也直。」

實直無妄者，人之生理也；虚罔欺誕者，非無可生之謂，特幸免於死耳，非生理之正也。

《集註》云：「仁以理言，通乎上下。」

有學者之仁，有聖人之仁，有桓文之仁，有堯舜之仁，此字上下通稱，惟聖不可通稱。博施濟衆是仁者極大功用，只稱仁字，少了他，須稱作聖，方可耳。

博施濟衆，夫子不以爲仁，而爲聖者之事。退之言博愛之謂仁，亦未爲失。而程子乃以退之之言爲非，謂仁者固博愛，謂愛是仁不可。不知孰是？

惻隱之心，仁之端也。仁者，惻隱之根本；惻隱，乃仁之枝葉。謂惻隱爲仁之端則可，便謂之仁則不可。蓋仁主性言，惻隱主情言。情者，性之發見耳，非可便以情爲性也。知此，則知愛乃仁之用，愛即惻隱之心，不可便以愛爲仁。仁與愛，猶性與情，猶體與用。

孔子答子貢博施濟衆之問曰：「何事於仁，必也聖乎。」晦翁曰：「仁以理言，通乎上下；聖以地言，則造其極之名也。」

仁大有等數。堯仁如天，固是仁；禹稷拯民飢渴，亦是仁；湯武弔民伐罪，亦是仁；齊威攘戎安夏，亦是仁；下至齊宣，不殺一牛，亦是仁。仁可通上下言耳。乃若博施濟衆事，必如聖人極致地位，做得天下無比底人，然後可言博施濟衆。然猶似做不到頭，聖如堯舜，尚以爲病。此闢子貢之辭。

飯疏飲水之樂，簞瓢陋巷之樂，所樂者何事？此濂溪點化二程子訣，二程從此悟道，終不以語學者。晦翁事事剖露，說向後學，獨此不敢著語。

凡說所樂在道，以道爲樂，此固學道者之言。不學道人，固不識此滋味，但已得道人，則此味與我兩忘，樂處即是道，固不待以彼之道樂我之心也。孔、顏之心如光風霽月，渣滓渾化，從生至死，都是道理，順理而行，觸處是樂，行乎富貴則樂在富貴，行乎貧賤則樂在貧賤，夷狄患難，觸處而然。蓋行處即是道，道處即是樂，初非以道爲可樂而樂之也。故濂溪必欲學者尋孔、顏所樂何事，豈以其樂不可名，使學者耽空嗜寂而後爲樂耶？濂溪以此點化二程，二程因此醒悟，後却一向不肯說破與學者，至今晦翁亦不敢說破，豈秘其事謂不可言傳耶？蓋學者才說此事，動口便要說道，謂道不是，固不可，但才說所樂在道，以道爲樂，則又非孔、顏氣象，惟知孔、顏樂處便是道，道處便是樂，則德盛仁熟之事也。要知顏子之與諸子，但有生熟之分耳。工夫生，則樂與道爲二，不妨以此而樂彼；及工夫純熟之後，則樂與道爲一，自不可分彼此矣。前賢不肯說破此事，正要看人語下氣味生熟耳。

顏子不遷怒。

見義理而不見血氣，故怒所當怒，而不爲血氣所使。

三月不違仁，内外賓主之辨，莫是顏子於仁常在内，爲主人翁，而諸子於仁常如賓客，或出或入？來意得之。今還欲爲主耶？爲賓耶？先儒提出此語，正欲學者捫心猛省，若是爲客，乍入復出，則爲無家之人，將來必大可哀。

南豐云：「有知之之明而不繼好之，❶未可也，故加以誠心好之；有好之之心而不能樂之，亦未可也，故加之至意以樂之。」用工夫却在誠心、至意上否？

此用《論語》意。致知上發源，皆先儒所不道。南豐屢屢言之，度越諸公遠矣，但其説樂處，語不瑩耳。樂者極至之意，是他知好，工夫到後，自見此境界耳。若用一物以樂之，即非所以爲樂。

❶「繼」，《梁書》《元豐類藁》作「能」。

「志於道」一章。古者八歲即教以六藝之事，明爲學之所當先也。今於此章末言之，而朱子復以爲學者於此，當求其先後之序，輕重之倫，似以藝爲可後，抑志道、據德、依仁是大學之事，而游藝乃大學之極功邪？

此却有首尾本末，與前章別。教之六藝，小學之初事；游於藝文，成德之餘功。小學之初習其文，成德之游適於意。生熟滋味迥別。

志道、據德、依仁。不知志、據、依如何用工夫，道、德、仁又如何不同？

志於道，是一心向聖人路上行，欲學做聖人事；據德，即志道工夫既成，凡向之所志者，今則實得於己，如有物可執據然；依於仁，則據德工夫既熟，天理與心爲一，不可脱離於片時，如衣之在人身，不可脱舍也。只是一个做聖人之心，但初來生而後轉熟，初來猶是兩片，後來方是一物耳。

聖人從容中道，似若無過。孔子自謂學《易》而後無大過，若未學《易》之先，亦嘗有過來？

謂聖人無過，此淺學之談，聖人一生學問，未嘗自説無過，至此境界，方言無大過，猶似有小過在，雖是謙辭，然道理真實無盡期。説者當看此等爲聖人氣象。

「子以四教：文、行、忠、信。」

分作四者何難，不識字人亦能之，但作工夫人要見四者著落，知道平日所學所行，總是主忠信，自是拍開不離也。

子曰「德之不修」至「不善不能改」。《中庸》言自誠必先學問而後力行。《大學》言明德必先於格物致知而後誠意正心。是則博學，誠入德之門。今此章首修德，而遷善、改過等事，又反在修德之後，似若無統，何邪？

修德、講學、遷善、改過，四者明如日星，不用無端繳繞，只合逐條逐件自勘當己身，從頭做去也得，從尾做去也得，中間起頭亦得。

「興於《詩》，立於《禮》，成於《樂》。」其先後次序，孔子不特教人如此，他日亦以此教其子。《集註》云：按《内則》：十有三年學《樂》誦《詩》，二十學《禮》。《論語》則先《詩》《禮》而後《樂》，《内則》先《樂》而後《禮》。此章非爲學之序，乃論其終身所得之先後也。學之序當如《内則》，至其將來得力處，其先善心興起，是於《詩》上得力，其次操守植立，是於《禮》上得力，至末梢德性純熟，是於《樂》上得力。

「可以託六尺之孤」一章

託孤寄命，如漢之霍光，可以當此。至於陰妻邪謀，納女爲后，大節處却被人奪了。大節不奪，如漢之汲黯，可以當此。然其好游俠，任氣節，面折不能容人過，合己者善待之，不合者弗見，人亦以此不附焉，恥公孫、張湯位居其上，却又做不得託孤寄命事。惟諸葛亮可以當此兩件。霍光弘而不毅，汲黯毅而不弘。

「危邦不入，亂邦不居，有道則見，無道則隱。」使衰亂之世皆如此，則興天下之治者誰邪？人有不爲也，然後可以有爲。

「民可使由之，不可使知之。」

謂政教號令，但能使民由行於中，不能使民洞曉其理，非不欲使之曉也，勢有所不能，故曰百姓日用而不知。

夫子稱泰伯曰「民無得而稱焉」，稱夷、齊曰「求仁而得仁」。孟子所謂「好名之人，能讓千乘之國」。泰伯、夷、齊亦豈好名乎？泰伯謂之至德，夷、齊謂之仁，皆是發於中心惻怛之誠，無一點世俗計較利害之私。吾友以好名疑之，得非以俗心觀聖賢乎？學者有千種病，好名是第一種，只此分君子、小人，不可不檢點。

「弘」「毅」二字，願詳爲講解。

弘則心量洪大，猶車之可以任重；毅則志氣剛果，猶車之可以致遠。弘而不毅，則不能致遠；毅而不弘，則不能任重。必任重致遠，方可爲車；必弘、毅兩全，方可爲士。

「未可與權。」漢儒以反經合權，故有權變、權衡之論，皆非也。權只是經也，既不反經，何不言權？權者經之對，經猶秤衡，權猶秤錘，秤衡一定，秤錘無定，所以隨時取中者也。爲後人多錯用「權」字，一切以反常爲權。權而不失於正，是權之本義。故伊川矯正之而指權爲經。雖言語少過，要之權而不失其正，雖權也，猶經也。晦翁已微辨之。

「不忮不求，何用不臧。」晦翁何以知爲孔子引《詩》以美子路？愚謂此與「衣敝緼袍」自是兩章。此兩句特是子路雅好誦之，故夫子以爲是道何足以臧？非孔子引之也。若子路雅誦此詩，即與「三復白圭」無異，而孔子抑之，可謂不成人之美矣。又不知此章何故在「衣敝緼袍」之下，記事者乃無法度如此，請歸與尊翁講之，老夫誦師之言，亦未能無失，且斷斷自守耳。蓋子路好勇，必無忮求，自足於此而道之，故孔子因其無日新之功而進焉。

意、必、固、我四者，一節似重一節，自始於意，而至終於我，則私意做愈深。《集註》乃云：至於我，而又生意，發明始終，循環之。義未曉。

且就四字各看，認得頭面定後，方看他相因處。

「衣敝緼袍」一章。子路不以貧富動其心，而可以進道如此。至於在陳絶糧，如何便愠見？子路與朋友共，不忮不求，於名利得失事已豁除了，子路終身誦之，而子曰「是道也，何足以臧」，便見聖人會煆煉人，如石匠下鐵錐相似。子曰：「富與貴，是人所欲也。」上一段只欲審富貴，安貧賤，是取舍之分明；下一段造次顛沛必於是，是存養之功密。子路不以富貴動其心，雖是明得取舍，至於絶糧，是逆境事，非樂天者不能處此，子路處不得，是存養之功尚未密也，顛沛處却又違仁。

横渠云：仲尼絶四，自始學至成，終竭兩端之教。如何？

據横渠此言，謂此是教學者之法，雖始學之人，便當以此教之，他日作聖之功亦在此。聖人之教，無有不該貫首尾者，所謂徹上徹下語也。

「後生可畏。」《集註》謂焉知其將來不如我之今日乎？不知夫子把自家做甚底地位，令學者及時自勉以致此乎？

人皆有作聖之資，聖人直是如此看待也。

孔子從先進，無取於文也，然周監二代之文，夫子又欲從周。

先進，即周家先輩行禮人。如周、召之類。周末文勝，寖失周公制禮之意，已非周公之文矣。從先進者，正是反本復始，從周公之文也。

「顏淵死，門人欲厚葬之。」《集註》云：喪具，稱家之有無，而厚葬之，不循理也。孟子以後喪踰前喪，樂正子前士後大夫之論是矣。而曰貧富不同，竊以葬禮，自天子達于庶人，必有等差，當視義之當否可也，今毋乃有遺論耶？喪禮，固有分，亦須兼稱貧富。固有分，雖得爲，而貧不能舉禮者，故古人但云「稱家之有無」。分不得爲者，不在此限。惟《孟子》兩言最盡：「不得，不可以爲悦；無財，不可以爲悦。」

晦翁謂幽明終始無二理。程子謂晝夜死生之道。意者此理非有二塗，所謂一而二，以幽明終始言之；二而一，蓋死復生，生復死，人復爲鬼，鬼復爲人，如晝夜之循環。

氣聚則始而生，氣散則終而死。聚而生者爲人，散而死者爲鬼。有聚則必有散，聚散本一理也。原始而知其所以生，則反終而知其所以死。所謂一而二者，聚散本一氣，分而爲聚散耳。所謂二而一者，雖分而爲聚散，其實一氣耳。惟其一而二，故有生必有死；惟其二而一，故知生則知死。

鬼神之事，以爲無邪，則四時之祭祀皆可無也；以爲有邪，則事死如事生，事亡如事存，温凊甘旨之奉，不可一日無也。

此淺學浪問。鬼神乃二氣之屈伸。二氣有無時否？鬼者陰之靈，神者陽之靈。在人之身，即爲魂魄，人死則魂升魄散，雖散於無有，然生氣之分於子孫者，即其氣猶在也，故其子孫賢者之死而致生之，則其鬼神；不賢者之死而致死之，則其鬼不神。

子路、曾皙、冉有、公西華言志，夫子獨與點。程先生曰：孔子與點，蓋與聖人之意同，便是堯舜氣象。又曰：曾點，狂者，未必能爲聖人。

凡狂者，志高而行不副。謂其志高，故見大意而聖人與之；謂其行不副，止於見大意，終不入聖人之室。

《集註》：程子與點，是堯舜氣象，子路只不達爲國以禮道。

闕❶之矣。

「克己復禮。」己私克去，則天理自明，又何待禮邪？莫是克己之後，儘著得工夫？

今釋子作家有能克己，掃除得空盡，只是不復於禮。聖門克己工夫，事事著實，不是將天理自明都粗瞞了。

❶「闕」，元刻本適空闕第五十七葉一葉，明刻本接下「之矣」，非。

「克己復禮。」《集註》謂「私欲凈盡，天理流行」。如此積累工夫，如何一日克己復禮，天下便能歸仁？此語是躐趣顔子當下便勇猛用功，不可只問人面商量，爲之在我而已，我能一日勇猛，直截掃去己私，復還天理，即仁便歸我。言天下以仁而歸我，非天下歸我之仁。顔子是陽明燥性人，故説得此語，餘子領不去。

顔子未至於聖人處，猶是心粗。

心粗，謂未能純體光明，猶有黑暗在裏，有一分黑暗，便損一分光明；有二分黑暗，便損二分光明。顔子心境已七八分光明，但猶有一二分暗處，故言「猶是心粗」。

「言不順，則事不成，刑罰不中。」未曉貫通意如何？

言不順，如以子爲君，以父爲臣，稱呼不順。既不順，故事實俱礙，謂之君者，不成君之事；謂之臣者，不成臣之事；君不成君，臣不成臣，則事事失序，物物不和，更復説甚禮樂？既無禮樂，則七顛八倒，有甚是底宜？刑罰不中，而民無所措手足。

「如有用我者，期月而已可也，三年有成。」「善人教民，七年亦可以即戎。」如何？

布置紀綱，一年可辦，風行俗易，須待三年。善人功用較遲些，然亦不害爲善政也。

鄉黨稱弟，宗族稱孝，乃在行己有恥之次，何耶？

士者，男子壯烈之稱。《論語》凡説士處，多主節概而言，如孝弟稱於鄉黨，此特一鄉善人，於士義未弘也。

樊遲遊聖人門而問稼圃，志則陋矣，然古之聖賢，若大舜伊尹，皆躬稼畎畝，習農圃事，何聖人深斥樊遲？

遇此時則習此事。遊聖人之門，所學者何事？

「邦有道，危言危行」，甯武子仕衛文公，有道則無事可見，成公無道，則能盡竭心力，不避險難，以保其身。

甯武子乃圓機之士，非有危言危行，此事叔向近之。

夫子「請討陳恒」。竊意天子討而不伐，諸侯伐而不討，夫子莫是使哀公請於天子而討之耶？

聖人作事，名正言順，不應以燕伐燕。

胡氏云：「《春秋》之法，弑君之賊，人人得而討之。」仲尼之請討陳恒，此舉先發後聞可也。然孔子當時致

仕居魯，不審果可以先發後聞耶？

上必告之天子，下必告之方伯，内必合君臣之謀。聖人舉動，必不輕鋭。

「高宗諒陰，三年不言。」夫子以爲古之人皆然。彼士庶人，無人以攝事，雖欲不言，得乎？《喪禮》云：百官備，百物具，不言而事行者，扶而起；註：謂天子、諸侯。言而後事行者，杖而起；謂士、大夫。身自執事而後行者，面垢而已。謂庶民。

夫子告子貢以「一貫」，與曾子同。朱子謂告曾子以行言，告子貢以知言。既是一貫，本不可分知、行，只緣子貢以知識入道，至晚猶無奈，許多知識剥落不下，故聖人從他明處點化他，猶自領會不去。以忠恕而明一貫，驗得是行；以知識而明一貫，驗得是知。一貫固不可分，但向人語處，入頭各有塗轍。

「志士仁人，殺身成仁。」夫殺身之事，誠難矣，未曾實有所得，實有所見，誰忍捐生就死？有志之士，所存主處不污下，故決不肯苟賤以偷生。程子曰：「古人殺身成仁，亦只成就一個是而已。」既謂之成仁，則必如是而後天理人倫無虧欠處，生順死安，無悔憾。當此境界，但見義理而不見己身，更管甚名譽邪！

殷輅周冕，奢儉不同。《集註》以冕物少而加衆體之上，故雖華而不爲靡，雖費而不爲奢。竊謂聖人制作之意，不拘於此，止謂冕，朝物也，故不可從儉；輅，步車也，故不害於儉。禮有以文爲貴者，冕也；有以質爲貴者，車也。

「耕也，餒在其中；學也，禄在其中。」兩句似相反。耕本謀食，却有時而餒；學非謀食，却可以得禄。所以分大人、小人之事。

「人能弘道，非道弘人。」《集註》云：「性不知檢其心，非道弘人也。」性指道，心指人。

「知及之」一章。《集註》乃謂「氣習之偏」。既謂到仁地位，純乎天理，無一毫私意間隔，此等病源從何而入？氣習之説何謂？

雖聖人不敢如此説，亦須隨事省察檢點，惟恐有不莊不敬處。此只是逐時提撕，毋令有罅漏，非是於此時方欲學莊敬也。

陳亢謂聖人遠其子，未免以私意窺聖人。古者易子而教之，父子之間不責善，乃天理如此，非私意也。

上智下愚不移，與韓子三品言性合否？

三品之說，略相似《論語》。性近習遠，正說中品。

先聖論性，只說「相近」兩字，自孟子以下說性，累累不同。荀、揚、韓子之論性，不待生於孟子之後，各占一說以相反，東坡說得刻薄。孟子時已自有諸家之說，見《告子》。要之同異之論，自來有許多般數，然亦各有理，故程子有「不備」「不明」等語。

程氏釋「自暴自棄」謂之「下愚」。不知因甚了自暴自棄？是必其性之昏也，是其有善有不善也，豈專其才之罪哉？

程氏以才爲氣禀之性言之，則本善，以氣質之性言之，則有善有不善。

「太摯適齊」一章

魯，周公之後也，所用之樂，周之樂也，典樂之官，又皆周之舊也。在周盛時，禮制樂作，寓之形器，存之有司，凡六律六吕之節，六德六師之要，太師掌之，所以合天地陰陽之和也，凡王之大食，皆奏鐘鼓，侑食既以樂，徹食又以樂，大司樂、膳夫諸臣掌之，所以養君心而成君德也。

「子夏門人問交於子張」章

子夏心量窄狹，子張志氣高粗，子夏常失之不及，子張常失之過。

闕❶

「仕而優則學，學而優則仕。」

學是講此道理，仕是行此道理。學有餘暇則可入仕，仕有餘暇又當講學。主學而言，則仕爲餘用，主仕而言，則學有餘功，互相發也。

子曰：「父在觀其志，父没觀其行，三年無改於父之道，可謂孝矣。」

先儒有説：父在觀其父之志，父没觀其父之行。此説亦通。如何《集註》都不用此説？以此見若如此説，連下個「三年無改於父之道，可謂孝矣」，説不通，蓋才説孝，便主子説了，所以上面「志」與「行」都就子邊説，非獨如此，蓋父在時，豈無志之可觀？父既没，豈無行之可見？此説亦通。

❶「闕」，元刻本脱第六十二葉一葉。明刻本接下，誤。

子曰：「道千乘之國，敬事而信，節用而愛人，使民以時。」

晦庵説「五者反覆相因」，如何是反覆相因處？　蓋從敬事而信起説作下去是如此，而後能如此，如人能敬，則做事專一，自能信，既能信，則必欲所行孚於民，自然能節用，既能節用，自然不傷財而至於愛人，既能愛人，自然能使民以時，這是如此而後能如此，是自上而下，相因如此。　如自下面説作上來，則是如此，而又不可不如此，如以敬去做事，便不敢苟簡胡亂去做，須要十分好方止；既得好，便不至於苟簡變更，這便是能信。　然做此一事時久，或昏，或爲權勢所移，或爲利害所動，前日出一令既如此，今日又變了如彼，這便是不信，便有妨於敬，所以著别下工夫於信，去補這敬；　然只知信，或出一政，堅如金石，行一令，信如四時，更不可移易，此固是好，然而自家這奢侈之心，或有時而生，不能節用，要如此廣用，則是所令又反其所好，却有害於信，故又須著去節用方得；　然只恁底節用，不知有個中底道理，則或至於豚肩不掩豆，澣衣濯冠以朝，心下已有所吝嗇，則凡民有饑荒，不能去發倉振廩，恤貧濟乏，至於築城鑿池，思患預防，不可已底事，亦吝嗇了，不損財以爲之，是知節用而不知所以愛人，則節用又成落空了，此節用所以不可不愛人。　然既愛民，又須使民以時，如春來當畊，夏來當耘，秋來當斂，便當隨時使去做，至冬來閒隙之時，方用他得，不然則所謂力本者不獲自盡，雖有愛民之心，而民不被其澤矣，此自下相因而上如此。

「如有周公之才之美」一章

驕者，吝之枝葉；吝者，驕之根本；不可執一説。　此兩句晦翁是主驕説，故以吝爲本根，驕爲枝葉。　若主吝説，則驕亦吝之本根，吝亦驕之枝葉。如此看，方著得下兩句：「未有驕而不吝，吝而不驕。」但吝是氣斂藏在内，驕則發見在外，有誇滿盈溢之意。立辭只可以吝爲本根，驕爲枝葉，到下兩句方見得相爲用。且如今時人，起大屋，做好器用，著好衣服，以此去矜誇人，則必藏蓄待多，不肯胡亂與人。若與人，則藏蓄不多，無可以驕矜人者，原其本，只吝嗇愛惜其物，直是以物爲重耳。所以如此，如謝顯道見伊川先生，數年不相見，問做甚麼工夫，答曰：某只去得个「矜」字。人才要矜誇人，必要宫室侈麗，衣服奢靡，服用奇好，所以謝顯道買得一管筆，便使了，掉了，不愛護愛惜，皆所以降服心性，凡物不要藏蓄，使了便了，如原憲説「怨欲不行」地位，直是制這些子，孔子以爲難，不以爲仁，要人須是連這本根除將去，方始得。

「狂而不直」一章

狂者，只是説大話、立大論底人。這狂人，凡心下有事，都説出在外，亦無遮蔽，但直行將去，也好。今有狂人者，都恁底説大話，立大論，至於到利處，但知有己，反以義責人，却不直。侗者，凡事只是恁底謹愿，不敢妄動，也好。而今侗者，却不愿要妄動。悾悾者，無能爲底人，都一向恁底朴厚，也好。而今無能爲人也，都會用許多詭詐。狂、侗、悾悾，這是得之於氣如此，至於不直、不愿、不信，都却習得如此，有是病而無是德也，是天下之棄人。

子曰：「三年學不至於穀，不易得也。」

人孰無欲求利禄之心？常人固不足説，若子張爲聖門之高第，猶學干禄，可見爲學之久而不至於穀，誠不易得也。如今有人居山林之中，菜飯菜羹，極是清苦，這般人亦自難得。如顔子抱經世之才，可以任天下之重，可以屬卿相之位，却教他在陋巷中，只有一簞食之奉，顔子於此不以富貴動其心，直是難，固宜夫子既稱之以「賢哉回也」，又稱之以「賢哉回也」。

子曰：「師摯之始，《關雎》之亂，洋洋乎盈耳哉。」

此夫子歎美樂之盛美如此，是摯去後，惟懷其樂至美而不得見。❶

子曰：「篤信好學，守死善道。」

或問晦翁：《註》云「篤信而不好學，則所信或非其正」，不知人不知學，則所信何事？先生曰：時今有一等人，資質好，一有所聞見，便深信之，便不講學使道理分明，則至於其蔽也蕩賊狡愚，皆是不好學之故。以至孝或陷父，慈或敗子，皆是不好學之故，守死而不足以善其道。如今時人之事君，到臨君之難時，直是欲向前爲君而死，以爲我愛君而死，更不辨别我之所死，還是當死不當死，如荆軻、聶政之死，只是不當死而死，徒死而已；如伯夷、叔齊之死，死得極是，這般死方能善其道，孔子所以謂「殷有三仁焉」。

---

❶「是摯去後惟」，元刻本、明刻本作「不知惟復是」。

木鐘集卷二

宋陳埴撰

孟子

孟子謂琴張、曾晳、牧皮爲狂士，曾點詠歸浴沂，便有聖人氣象，孟子謂夷考其行而不揜，是以謂之狂。此果何見？

狂者，立志太高，故舞雩之事，胸次灑落如光風霽月，然其終不到聖人處，爲其志太高而行不揜，故終歸於狂，然人品終是不同，故聖人晚年常歎狂者不可得見。

柳下惠爲士師，三黜不去。《集註》以不能枉道之意，則有確乎不可拔者矣。燔肉不至，孔子行。聖賢出處，貴於見幾而作，柳下惠三黜而不去，何邪？

三黜不去，所以謂下惠之和，然不肯枉道事人，至其三黜，乃其介處，和而不失其介，所以爲聖之和。

孔子稱威公之正，管仲之仁，初未始有少貶。孟子於伯者之事，絶口不談，齊威、晉文，則以爲仲尼之所不道。何邪？

以威較文，彼善於此。要知挾天子以令諸侯，心術不正，皆三王之罪人，其後魏、晉正昉此，故孔、孟之門不齒管、晏，特孔子聖德寬洪，時或不揜其善，孟子衛道自任，故絶口不言，爲後學法也。

孟子論「不動心」，歸之「持其志，無暴其氣」。二者固當兩下工夫。至公孫丑問孟子「惡乎長」，復告之以「我知言，我善養浩然之氣」，而不及「志」，何邪？

持其志處，即義理之養。孟子養氣，全在集義，乃持其志也。孟子細密工夫只如此，不肯下敬字，先儒謂其才高難當。

《詩》出於小夫賤隸之口，而後之言《詩》如高叟，乃不免於固。豈世儒反古者賤隸之不若？

《詩》人吟咏情性，故意象寬平；老儒執守訓詁，故意象窄狹。

文王治岐，關市不征，澤梁無禁；成周門關市廛，皆有限守，山林川澤，悉有厲禁。何也？

文王因民所利而利之，乃王道之始；成周經制大備，乃王道之成。

滕文公行仁政，孟子止許以善國，而不以王道期之，何邪？

滕介齊、楚之間，滅亡之不暇，孟子所爲謀者，無非王道，至無可奈何處，亦以太王望之，豈是不說？

君臣之大義，天地之常經。以其所待之厚薄而爲之輕重，世無是理。孟子寇讎之論，疑若與之背馳。孟子此語是説大都報應如此，若忠臣、孝子，不當以此自處，當知天下無不是底君父。先儒謂孟子語有痕迹者，此等是也。若聖人則渾然不露，只曰：「君使臣以禮，臣事君以忠。」

「樂之實，樂斯二者」，還是就樂上有得，抑吾心有此二者，而發越呈露見之樂也？

「實」字當玩。且説其實，未説其華。如聲音歌舞，樂之華也。若言其實，即事親、從兄之時，油然自得其樂，此便是真樂，不假絲竹笙簧也。樂不能已，到手舞足蹈時，則五聲八音從此起矣。

戰國諸侯雖彊，東周猶在。孟子説時君，諄諄以王政勉之，似非尊天子、存王室之意。

孔子時，人心猶共戴周天子，名分尚存，故作《春秋》以尊王室。孟子時，人心已去，周室獨夫之勢已見，故説列國以行王政，文王之事商，武王之伐商，時中而已矣。取之而燕民不悦則勿取，春秋是也；取之而燕民悦則取之，戰國是也。

「周公思兼三王，以施四事。」夫禹、湯、文、武、周公，皆聖人也，而周公獨思兼之，何也？

斟酌三王之事而損益之，猶孔子之集大成。

「治地莫善於助，莫不善於貢。」如是則夏后之貢，毋乃猶未善乎？

法至後聖益密，故周兼夏、商之制，都鄙用助法，鄉遂用貢法。非不善，但比之於助，猶未善耳。

孟子見梁惠王，又見襄王，公孫丑乃發不見諸侯之問，何也？

按孟子嘗言：「古者不爲臣不見。段干木踰垣而避之，泄柳閉門而不納，是皆已甚，迫斯可以見矣。」由是觀之，君必以禮來見，則自當見之，所不見者，其交不以道，其接不以禮耳，謂可聘而不召。《史記》謂梁惠王曾聘孟子。

「《小弁》之怨，親親也。」按晉太子申生厄於驪姬之讒，不辭而縊新城，正與宜臼事相類，後以申生爲恭太子，豈其不爲《小弁》之怨乎？

《詩》可以怨，當怨而怨，不害於義理之正。申生有見於禮，無見於《詩》，可以爲恭，未可以爲盡孝。然必有申生之心，而後可以權聖人之禮。

孟子言舜處類《小弁》，但《小弁》有怨而無慕，故不若舜。

以大事小如何是仁，以小事大如何是智？

仁者，無計較之私，忘其孰大而孰小。智者，有量度之明，自知不能敵大。

孟子言將降大任於是人，必先苦其心志。舜大聖人，猶有待於此，何耶？

聖賢越要從這裏過，百煉乃見真金。

君子以澤言，小人亦以澤言。不知小人更有甚澤，又均爲五世而斬邪？

澤謂波流浸潤。清水是清浸潤，濁水是濁浸潤。

《凱風》何以爲親之過小？

太子事關天下，七子事關一家。

孟子不見諸侯，自謂不爲臣不見，何爲而見梁惠、齊宣？借曰梁惠卑辭厚幣招之遂往，齊宣亦豈招之而往邪？

孟子見齊宣事，首尾具見此書，中間孟子將朝王一段，乃始見之禮。看此一段，陳義如此，豈苟合易進者邪？是時惟齊宣能知孟子，禮之以賓師之位，未幾，便致爲臣而歸，可見於他國不合。梁惠王事見《史記》。

必是如此，方見。

「孟子答梁惠王問利」一章，《集註》謂「利生於物我之相形」。愚意謂以物我相比，並有計較心，所以爲利。此處正横渠所謂世俗之習利心，但當以義理勝之。

公孫衍、張儀，皆事鬼谷先生，學縱横之術，自其一怒諸侯懼、安居天下息觀之，豈阿諛苟容者所能？若是而孟子乃謂其妾婦之道，何邪？

自愚夫言之，則曰安居天下熄；自聖賢言之，乃妾婦之道。

「博學而詳説之，將以反説約也。」學不博，説不詳，而曰我知約，固陋矣。若博學詳説而志不在於求約者，則是外馳其心，非所以爲學也。

不博，則約無所施；學到約後，許多博處方有受用。見人喫不濟事，自喫方甘味。

「耳目之官不思。」耳目如何樣思？

耳司聽，目司視，而不能思，惟心官主思耳。故心爲將帥，耳、目、口、鼻、四肢，皆卒徒也。將帥明則士卒聽，但當責將帥耳。

「君子有三樂，而王天下不與存焉。」晦翁《集註》謂此三樂一係於天，一係於人。不知係於天、係於人處如何？

父母俱存，兄弟無故，此非人之所能爲。若教育英材，全在人事。

「君子不亮，惡乎執。」晦翁謂：「凡事苟且，無所執持。」此可以言不敬，而却謂之「不亮」？

不信實者，必苟且自欺。

《書》之「允執厥中」，與「子莫執中」之説，二者分辨如何？

「允執厥中」，乃時中之中，觸處是道理，活法也。子莫乃執一以爲中，死法也。霄壤之異。

「詖、淫、邪、遁」之辭，何以知其「蔽、陷、離、窮」？

辭之偏詖者，由其心之蔽於理；辭之淫放者，由其心之陷於欲；辭之邪僻者，由其心之離於道；辭之逃遁者，由其心之窮屈於義理也。

程子曰：萬物皆備於我，反身而誠，樂莫大焉，不誠則逆於物而不順也。

反諸身者，既是萬理皆實，即渾身是義理流行作用，何處不順裕？苟於實理無時即觸處滯礙，無往而非逆境，何樂之有？

「强恕而行，求仁莫近焉。」或疑强恕不可言忠。出《或問》。晦翁曰：有心爲恕，則忠固在其中矣。夫恕者，推己及人之謂也。所謂有心於爲之者，亦爲欲推己及人之事爾，未見所謂推己之意，不知如何謂在其中？所謂無忠，做恕不出，忠、恕二事，不容去一者，何説以道之？既曰推己之謂恕，若自己心裏元自不實不盡，元無忠赤惻怛骨子，更將何物推以及人？以此見凡説恕字，必有忠字在源頭了。所謂無忠，做恕不出，儘當玩味。今人皆不忠之恕，惟務苟且於一時，不復有己可推，亦無復近仁矣。

告子謂「不得於言，勿求於心」，孟子以爲不可。孟子又謂「我知言」，此言還是誰言？言者，心之聲也。言上有病，便是他心上有病，當反求諸心可也。告子乃言不求於心，此是他不知言處。孟子法門與告子正相反，故於「詖、淫、邪、遁」之辭而知其所受病之處。蓋「詖、淫、邪、遁」，言之病也；「蔽、陷、離、窮」，心之病也。因其言之病，知其心之病，孟子所以爲「知言」。

堯舜與賢，禹傳之子。孟子以舜、禹爲相歷年多，伯益爲相歷年少。使舜、禹而施澤未久，堯、舜豈捨子而授之？

賢處占七分，久處占三分。不然，何以不使舜、禹便即帝位，而使居攝邪？此等大事，若天命人心未到馴熟脱落處，如何遽然踐履其上？

「夫子賢於堯、舜遠矣」，何以觀？

當時若無孔子，今人連堯、舜也不識。

湯事葛，文王事昆夷，正耶？譎耶？以言其正，何《詩》《書》有「葛伯不祀，湯始征之」「昆夷駾矣，維其喙矣」等語？

事之者，樂天之仁；伐之者，應天之義。處處是道理，豈有計較心？執俗心以觀聖賢，陋矣。

孟子曰：「伯夷隘，柳下惠不恭。隘與不恭，君子不由也。」又曰：「聖人，百世之師也，伯夷、柳下惠是也。」夷、惠皆絶德而不合中庸，故好處直是可學，弊處却不當學。

孟子曰：「聖人，百世之師也，伯夷、柳下惠是也。」夫伯夷，聖之清者也；柳下惠，聖之和者也；皆局於一偏之小成。孟子前面既以智聖巧力諭諸子，孔子偏全去處，其可否已有定論，今又以夷、齊爲百世之師，且繼之以況於「親炙」一語，苟二子有一節可取，則褒之亦不宜如此之過。

幾般樣小成。若吾子以清、和名一偏之小成，伯夷、柳下惠皆入聖來，故其清爲聖人之清，和爲聖人之和，作用處與常人萬萬不侔，但比孔子，猶爲小成之聖耳。

夷清惠和，雖未能集大成，然已謂之聖。孟子乃以「隘」與「不恭」目之，何其甚邪？只可言聖之清，聖之和，非便謂之聖。隘與不恭，乃末流之弊，謂學夷、惠者爾，夷、惠自身却無此。

夷、惠其弊既隘與不恭，亦不足以有爲矣。孟子稱其皆能「朝諸侯，有天下」，於何處見？其制行偏處，末流必有弊；其存心公處，堯、舜無以異。瑕瑜不相掩。

伊尹之任，非夷、惠比。蓋夷、惠，一流於清，一流於和。伊尹，未見其偏也。並言何故？有伊尹之志則可，無伊尹之志則篡。其弊與二子同。

孟子論夷、惠二事，皆言其風流而獨不言伊尹，何故？二子爲聖人之不能爲，雖不合於中庸，畢竟高于世儒。孟子欲破世俗之同流合污，所以再三致意，亦國奢則示以儉之意。

聖智終始，孰全孰備？巧力中至，孰難孰易？

學問統體只是始於致知，終於力行。知得透徹，則謂之智。行得透徹，則謂之聖。三子始焉之所知，只見得一邊道理，後來亦只於那一邊上做得透徹。此三子知不及於全，故行到處亦只是一偏之聖。夫子知得天下道理，四方八面，周匝普徧，故成就處兼總衆理，該貫萬善，不可以一節名。如作樂之法，始而宣之以金，是作大樂起頭，一部大樂之條理，便於此而始；終而收之以玉，是大樂之條理合當如此結尾，才作大樂起，便作大樂結；始才不如此起，終便不如此結。孔子起、結處皆是大樂，故可以條理言。三子只是單聲起結，皆無條理了。又譬之射焉，均至於百步之外，而有中者、不中者，蓋巧者知得到，則百發而百中；力者行得到，則至而未必中。由是觀之，學不難於行，而難於知，猶射不難於力，而難於巧。

「非禮之禮、非義之義」如何？

程門以爲如婦人之仁，宦寺之忠。晦翁以爲凡禮義，不可泥陳迹，如可行於昔而不可行於今，可行於人而不可行於己。與夫辭之爲禮，亦有不辭之爲禮，受之爲義，亦有不受之爲義，行之人則爲禮，行之我則非禮，惟義亦然。大人者，義理周遍融通，故不爲非禮義之禮義。

「仁，人之安宅也；義，人之正路也。」

以仁爲宅，宅之至安者，千年萬年可居住，此主心而言也。以義爲路，路之至正者，千人萬人可由行，此主事而言也。安宅正路，曠之而不居，舍之而不由，却作沿山摘酢梨，豈非孟子所哀邪？

孟子曰：「夫道，若大路然。」又曰：「義，路也。」夫道爲義體，義爲道用，均謂之路，何邪？道以路言，謂事事物物各有當行之路。義亦言路者，謂處事處物各就他當行路上行。前輩謂在物爲理，處物爲義是也。道、義皆人物所當行之路，故各以路言。然道若大路，則取其明白易知；義爲人路，則取其往來必由。不知道之猶路，無目者也；不知義之由路，無足者也。此孟子言意别處。

子貢稱夫子曰：「學不厭，智也；教不倦，仁也。」學所以成己，教所以成物。《中庸》曰：「成己，仁也；成物，智也。」何其言之相反？

仁、智，互爲體用。義精仁熟之後，道理縱看横看皆可。智爲體，則仁爲用；仁爲體，則智爲用。「成己，仁也；成物，智也」，與「學不厭，智也；教不倦，仁也」，如何相反？莫是成己言仁之體，教不倦是用處？學不厭言智之體，成物是用處否？

成己爲體，成物爲用；學不厭爲體，教不倦爲用。仁、智互爲體用。若合兩章言之，不妨如來意。

孟子曰：「親親，仁也；敬長，義也。無他，達之天下也。」夫仁義不止於孝悌，而孟子以爲達之天下，還是推孝悌之心以友愛天下即是仁義否？

此章無推此及彼之意。所謂達，乃達道達德之達，言人心之所同然也。親親，仁之發；敬長，義之發。仁義之道無他，人心之所同然耳。

「君子之於物也，愛之而弗仁。」夫仁者，心之德，愛之理。竊疑孟子之言，莫是愛與仁有小大之分？「親親而仁民，仁民而愛物。」所謂一理萬殊，稱物平施。此仁字是用，援《集註》誤矣。待禽獸只有愛心，不可使失所，若夫牛不穿鼻，馬不絡首，一以人理奉之，則親、民何別？不幾於同人類於馬牛乎？仁者，人心也，有人理存焉。施於人者，不可施於物，乃理一分殊處。

墨翟以兼愛爲仁，孟子力詆之。至韓愈作《原道》，闢佛、老，乃指仁曰博愛之謂仁。

墨氏知仁而不知義，專主一偏。韓子言仁而必及義，發明全體。文字中形迹似者何限？須是與他剖別開去。韓子以博愛言仁，亦自有病，先儒言之詳矣。

義主於内。公都子謂行吾敬，故謂之内。嘗見《近思録》中云「敬義夾持」，如何？

禮敬之義在外，如叔父，如弟，如鄉人，皆指外而言，故告子以義爲外。然敬之所施雖在外，而所以行吾敬處却在内，如當敬叔父時則敬叔父，當敬弟時則敬弟，當敬鄉人則敬鄉人，所以權其事宜而爲之差別者，則此理之權度未嘗不在吾心，故公都子以此折之。其辭簡而理勝，所謂辭不迫切而意已獨至也。義主敬兄，故此章説義處，常著敬來，乃是一串事。「敬義夾持」之語，是説敬以直内，義以方外，乃是兩頭事。

孟子曰：「仁，人心也。」程子曰：心如穀種，仁，其生之性。同乎？否乎？

心生物也。而所以能生者，以有仁也，故心如穀種，雖具此生理，然有形有殼，只一粒物耳，不能以自生，所以能生者，性實爲之。仁之於心亦然。人心是物，穀種亦是物，只是物之有生理者爾。然便指心爲仁則不可，但人心中具此生理；便以穀種爲仁亦不可，但穀種中亦含此生理。穀不過是殼實結成，而穀之所以纔播種而便萌蘖者，蓋以其有生之性；心不過是血氣做成，而心之所以有運動惻怛處，亦以其有生之性。人心之與穀種，惟其有生之性，故謂之仁，而仁則非梏於二者之形也。孟子只恐人懸空去討仁，故即人心而言；程子又恐人以人心爲仁，故即穀種而言。以是知仁不止於二者，則凡有生之性皆是也。

「出入無時，莫知其鄉。愚恐孟子不識心。」

范淳夫小女嘗有此語。明道先生聞之曰：此女雖不識孟子，却識心。

「養心莫善於寡欲。」欲，固心之所不能無者，但於其中識得真與妄耳。周子謂養心不止於寡欲，自寡而至於無，則是必閉口枵腹，然後可以得飲食之正；絶滅種類，然後可以全男女之别也，而可乎？

寡欲是操存持養工夫，乃學者事。若德盛仁熟之後，心不待養而存，即欲不待寡而無。當此境界，欲即是理，理即是欲，從心所欲，無非義理，雖謂之無，可也。

「學問之道無他，求其放心而已矣。」誠如是，即不須千頭萬緒理會學問，便一向求放心，如何？

學問之道，千緒萬端，必事事物物上都去理會將過，無非欲求其已放之心，鞭辟入身上來，在自家腔子裏，從此尋向上去，即下學上達工夫，正如《詩》三百篇，頭緒甚多，一言以蔽之，曰「思無邪」。學《詩》之人，每一章一篇，並存無邪之思以觀之，則百篇之義不在《詩》而在我矣。此章特爲學問務外不務内言之，所謂學問之道無他，就千條萬緒上，皆一一是求放心，必從心上下工夫，則學問非詞章記問之比矣。如云學問只是求放心，即不須千條萬緒，此却是禪家寂滅之説，非孟子意。

向聞先生説：盡心知性爲知其理，存心養性爲履其事。願詳其旨。

爲學只有兩字，「知」與「行」耳。知處是道問學，行處是尊德性，作博文約禮看亦得。

正心、存心之分，養性、知性之辨。

不起妄念是正心，不令外馳是存心，存此天理是養性，明此天理是知性。

盡心知性則知天，存心養性以事天。有何分別？

心體昭融，其大無外，包具許多衆理，是之謂性。性即理也。理有未窮，則心爲有外，故盡心必本於窮理，蓋謂窮究許多衆理，則能極心體之昭融而無不盡。性與天只是一理。程子曰：自理而言謂之天，自稟受而言謂之性。語其分則不同耳。既知得性，便知得性所從出，是謂知天。到得知天地位，已是造得此理了。然聖賢學問，却不道我已知得到這地位，一齊了却，又須知、行夾持始得，故必存此心而不舍，養此性而無害。存養工夫，到此愈密愈嚴。所謂敬以直内，是乃吾之所以事天，此時直是常在天理上行，天不在天而在我矣。知、行二字，不可缺一，且如自家欲事天，向使未知天爲何物，不知是個甚麽；到得知天，却不下存養工夫，則亦非實有諸己矣。

知言然後不動心，此孟子意。觀程子意，疑其與孟子戾。

程子意，只知言，便是明理，緣明理不惑，故心不動。

「盡其心者，知其性」，知之有次第如此，「存其心，養其性」，履之有次第如此。又不知知天一節，在盡心前？在盡心後？晦翁以知性爲《大學》格物之謂，盡心爲《大學》知至之謂，又不知知天在甚地位？

所以能盡心者，爲其知性。天者，性之所從出。知性，則必知天，理實一源也。知在先，盡在後，所謂物格而後知至也。先存後養，亦是次序。《集註》難説，非於此可盡。

「故者以利爲本。」故者，已然之迹，是兼指善惡而言也。然人之性爲善則順，爲惡則逆，故以順爲本。不知下愚之人，果可以本言否？

善惡皆已然之迹，但順者爲本，則善者其初也，惡者非其初也。水無有不下者，水之本也，若夫搏之使過顙，激之使在山，豈其本哉？

孟子從源頭上説性，是説得第一節。程門却謂孟子説得繼之者善，則又似第二節。

孟子本意是説性之源頭，獨指純粹至善言之，即太極之本體也。但既以善定名，善者惡之對，有善即有惡，所以諸子得乘罅而進，故程子以爲猶落第二義也。

程先生謂孟子説性善，只説繼之者善。昨聞先生云，水無有不下處，却是太極。據此説，則孟子似指流而至於海，終無所污者爲太極了？

孟子説時，本是直指一陰一陽之謂道來説，但善者惡之對，有善便有惡，故程子以爲不説得源流正派，説得繼之者善。蓋善猶水之清，惡猶水之濁，既以清爲水之性，則濁非水之性乎？要知清濁可以爲水之流，不可爲水之性，繼之者善亦猶是也。蓋繼之者，是説太極流行之第一節則可，謂是太極則不可。

孟子道性善，蓋謂性無有不善也。明道乃以爲善固性也，然惡亦不可不謂之性。其義如何？才識氣質之性，即善、惡方各有著落，不然，則惡從何處生？以孟子説未備，故程門發此義。孟子專説義理之性。專説義理，則惡無所歸，是論性不論氣，孟子之説爲未備。專説氣稟，則善爲無别，是論氣不論性，諸子之論所以不明夫本也。程子兼質論性。

孟子説性，既以情言，又以才言。情固出於性，不知才字何處著落？才猶質也。董子所謂質樸之謂性，其説起於此。

程子以才爲氣質之性。孟子曰：「若夫爲不善，非才之罪。」則是人善惡，又當以氣質論？爲孟子把諸路一齊截斷了，故諸子不服，須是尋他不善路頭從何處來。

公都子問性三節，孔子性近習遠、上智下愚之説，相似否？除第一問「性無善無不善」外，第二問即性近習遠意，第三問即上智下愚意。

程子釋「自暴自棄」謂之「下愚不移」。不知因甚了「自暴自棄」？是必其性之昏也，是其性又有不善也，豈專其才之罪哉？程氏固欲以補性善之論，然如此亦不通。

程子以才爲氣質之性，以天地之性言之，則有善不善也。

「踐形」與「率性」如何？

盡性能踐形，率性别是道理。可看《中庸》。

《孟子》：「形、色，天性也。惟聖人，然後可以踐形。」聖人之踐形，莫便是踐此形、色之理否？踐非踐履之謂，乃踐言之踐。聖人盡性地位，方償得他本來形色，真個無虧欠處。學未至於聖人，則於性分道理未免虧欠，才於性分有虧欠，即是空具此形色，不能充踐滿足也。工夫在盡性，不在踐形。「惟」字、「然後」字當玩。

「天命之謂性」，則有生即有性，孟子何以深詰告子「生之謂性」？

生之謂性，孟子未便攻他，只謂他認生處爲性，更不分别人、物，是將血氣知覺爲性，凡物有血氣知覺者皆與人性，一見血氣而不見道理，此則不可也。

告子謂「食色，性也」。食色固是性，然此一句莫太無分别否？使口不止於味，而必求八珍九品；目不止於色，而必求錦綉文彩，亦可謂之性乎？或謂必皆中節方謂之性。中節之言是否？

告子不就道理上看性，去血氣上看，必至於滅天理。須於血氣中察見其道理流行處，方是聖賢言語。

君子不謂性命。

世人以上五者爲性，則見血氣而不見道理，以下五者爲命，則見氣數而不見道理，於是人心愈危，道心愈微。孟子於常人說性處，却以命言，則人之於嗜慾，雖所同有，却有品節限制，不可必得而人心安矣；於常人說命處，却以性言，則人之於義理，其氣禀雖有清濁不齊，須是著力自做工夫，不可一委之天而道心顯矣。大要上是人心，人皆知循其在人，而君子則斷之以天；下是道心，人皆知委其在天，而君子則斷之以人。此君子言知命盡性之學，所以異乎常人之道也歟！

正命、知命、立命之所以殊。

凡死，雖均是命，但盡道而無憾者爲正。比干雖殺身，正也。盜跖雖永年，非正也。知，謂知此道理。立，謂盡此道理。不惑於死生壽夭，一成是天理排定，是謂知命。既知得了，不成一向委付於命，須是了盡自家身分上道理，無少虧欠，方是立命。盡是道理了，恁時死方無憾，是謂正命。

平旦之氣。

大凡人皆有良心，終日汩汩不能加持養之功，事事物物常爲所惑，私意情慾滿於胸次，所謂良心斲喪無餘脈矣。然秉彝亦未遽泯也，至於夜，則氣静而思慮息，神定而心緒不亂，於平旦始興之時，未與物接，未萌他慮，氣之清明，猶有良心存焉，自此持守保護，不爲旦晝之所梏亡，則平旦之氣日漸充拓，積累之久，將見湛然虚明，生生之體不息矣。聖人者，清明在躬，志氣如神，萬象森列，紛至錯來，而吾心澹然。凡旦晝之間，皆虚明之體，何間於平旦之氣哉？孟子有平旦之説，其亦哀乎戰國之人而指其迷塗也。夫清明在躬，志氣如神，聖賢存心養性，其氣未嘗不清明也，故方未與物接之時，氣之清明常存，逮夫既與物接之後，其氣之清明猶故，周流運用，隨處隨在，不聞有間斷時節，此上智之事，自蚤至莫，自生至死，其清明常如平旦之時，又豈可以平旦言邪？若夫下愚之人，良心既喪，外物交攻，而正氣始不存矣，所幸者有平旦之氣，猶可以持養，蓋夜氣之所息，發爲平旦之氣，當其未應物之初，喜怒不作，忿懥不形，良心猶有發見至微，若能於是保守之而勿失，培養之而不替，則亦可漸復其本然之良心，特人自不能思耳。是以旦晝之所爲而梏亡之，晝之所爲，有以害其夜之所息，夜之所息，不能勝其晝之所爲，所以前日平旦之所僅存者，今已索然無有，名雖爲人，其實無異於禽獸。孟子論平旦之氣，專爲人之放其良心者而言，其開悟一世之聾聵至切也。此段境界，乃指示喪失良心者，欲其認取此時體段，從此養去也。蓋平旦之氣，乃夜氣之所生，又關乎旦晝之所爲，惟旦晝之所爲者，能不與物俱往，則夜氣方和平，既和平，則平旦之氣亦清明，那時有隙光半點萌蘖，便是良心發見處。人於此時能持循涵養，使其萌蘖漸漸光明，則雖當旦晝，也如平旦矣。今人但晨興略略見得微眇，轉步便去利欲血氣上走，終日昏昏，所以索然無有平旦之氣，形雖具而心則亡，於禽獸奚擇焉？

浩然之氣。

養氣以集義爲主，勿忘，勿助長。勿忘是工夫，不可緩；勿助長是工夫，不可急。譬如人有田一頃，不知耘苗，令其自長，此忘之謂，工夫之緩也；亦有憫苗之不長，拔其欲長，此助之謂，工夫之緊也。且如今有人煉丹，有文武火。丹豈無火？火猛則丹便走，惟慢火常在爐中，可使二三十年伏火之久，然後養成得丹。孟子養心之説，即養氣之喻，必有事如心中有主人翁相似，而勿正。正，即意也，不可著意之謂。

浩然之氣，恐即是血氣，而義理附在其中？

此煉丹法。未經煉時是朱砂，已經煉後全是一粒火。浩然之氣是將義理煉成血氣，純是一團義理，何言「附」邪？

「必有事焉而勿正，心勿忘，勿助長也。」孟子爲養氣設，程門作養心法，不知是何等工夫？

孟子之所以不動心者，以其善養氣也。所謂善養者，以直養之而無害也。直養者，即集義之謂；無害之者，即必有事焉而勿正之謂。蓋集義工夫緩則類於舍苗而不耘，急則類於揠苗而助長。若夫必有事焉，則其心常自惺惺，不少放下，而勿正，則又不當猛著力，勿忘、勿助長，則既不失之緩，亦不失之急。惟孟子下工夫處有節度如此，所以養成浩然之氣，而能以不動心。要知集義乃養氣之藥料，「必有事焉」四句乃固製之方法，但孟子養氣以養心，其所成者，止於集義工夫，故話頭稍粗，程門轉此話頭爲養心法，養心以養氣，故其所事者，乃持敬工夫，而其説爲細，然其下工夫處，亦不過如孟子之節度耳。

昔聞先生説養氣一段，以「配義」「勿正」分隸以「直養」併「勿害」兩段，莫識其詳。浩然之氣，工夫綱領只在以直養之無害，所謂以直養者，下文「集義」一段是；所謂無害者，下文「必有事焉」一段是。養氣猶煉丹，集義處是丹之藥料。「必有事焉」四句是固製此藥料者，有好藥料，或固製不好，反能害人。此四句者，猶文武火。

「持志」還是敬否？

持處便是敬。

孟子言四端不言信。程子云：既有誠心爲四端而信在其中。五行無土位，位在四象之中；五常無信位，位在四端之中。信者，實有此者也，實有此仁，實有此義，實有此禮、智處，即信也。然四端不得信則不成四端，所謂鼓無當於五聲，五聲不得不和；水無當於五色，五色不得不彰。

四端説。

性是太極渾然之全體，本不可以名字言，但其中含具萬理，而綱領之大者有四，故命之曰仁、義、禮、智。孔門未嘗備言，至孟子始備言之。蓋孔子之時，性善之理素明，雖不詳著其説，而其説自具；至孟子時，異端蜂起，往往以性爲不善，孟子懼是理之不明，而思有以明之，苟但曰渾然本體，則恐爲無星之秤，無寸之尺，而終不足以曉天下，於是別而言之，界爲四破，而四端之説於是乎立。蓋四端之未發也，性雖寂然不動，而其中自有條理，自有間架，不是籠統都是一物。所以外邊才動，中邊便應，如赤子之事感，則仁之理便應，而惻隱之心形；如過朝廷、過宗廟之事感，則禮之理便應，而恭敬之心形；如蹴爾嘑爾之事感，則義之理便應，而羞惡之心形；如妍醜美惡之事感，而智之理便應，而是非之心形。蓋由其中間衆理渾然，各各分明，故外邊所遇，隨感隨應，所以四端之發，各似面貌不同，是以析而四之以示學者，使知渾然全體之中，燦然有條如此，則性之善可知矣。然四端之未發也，渾然全體之理，無聲臭之可言，無形象之可見，何以知其燦然有條如此？蓋是理之可驗，乃依然就他發處驗得。凡物，必有本根而後有枝葉，見其枝葉則知有本根。性之理雖無形，而端緒之發則可驗。故由其惻隱，所以知其有是仁；由其羞惡，所以知其有是義；由其恭敬是非，所以知其有是禮智。使其無是理於内，何以有是端於外？由其有是端於外，所以知其有是理於内，而不可誣也。故孟子言：「乃若其情，則可以爲善矣，乃所謂善也。」是則孟子之言，亦遡其情而逆知之耳。仁、義、禮、智既見得他界分分明，又須知四者之中，仁、義是一個對立底關鍵。蓋仁，仁也。而禮者，則仁之著。義，義也。而智者，則義之藏。猶春夏秋冬雖爲四時，然春夏皆陽之屬也，秋冬皆陰之屬也。故曰立天之道曰陰與陽，立人之道曰仁與義。是知天地之道不兩則不能以立。故端有四，而立之兩耳。仁、義雖對立而成兩，然仁實通乎四者之中。蓋偏言則一事，專言則包四者。故仁者，仁之本；禮者，仁之節文；義者，仁之節制；智者，仁之分別。猶春夏秋冬雖不同，而同出於春。春則春之生，夏則春之長，秋則春之收，冬則春之藏也。自四而兩，自兩而一，則統之有宗，會之有元矣。故曰五行一陰陽，陰陽一太極。是天地之理固然也。仁包四端，而智居四端之末者，蓋冬者，藏也，所以終萬物而始萬物者也。智有藏之義焉，有終始之義焉。是惻隱、羞惡、恭敬三者，皆有可爲之事，而智則無事可爲，但分別其爲是爲非耳，是以謂之藏也。又惻隱、羞惡、恭敬皆是一面底道理，而是非則有兩面，既別其所是，又別其所非，終始萬物之象也。故仁爲四端之首，而智則或終而或始，猶元爲四德之長，然元不生於元而生於貞。蓋天地之化，不翕聚則不能發散，理固然也。仁智交際之間，乃萬化之機軸，循環不窮，吻合無間，程子所謂「陰陽無端，動静無始者」，此也。

「君子深造之以道。」

此「道」字，非道德之道，晦翁所謂深造之方門也。方門，方法也，如孟子所謂必有事焉而勿正、勿忘、勿助長之意，不疾不徐之謂也。以法度而深造之，優而游之，使自得之，饜而飫之，使自趣之，欲其自得之也。「自得」以下，皆爲學之效驗耳。「左右逢原」意最好。「左右」有近意，有不一處意。學至於自得，則理只在左右之近，觸處見本原，此豈我帶來道理？亦只事事物物元有道理，森然已具，吾人自得之餘，取之而逢見之耳。

「過化存神」如何？

「過化」，謂所經歷處便風聞而化。「存神」，謂所存主處便神妙不測。如不言而信、不怒而威之類。本旨只爲王者本根盛大，與伯者小補迥别，不要作性理説。

《孟子》一書何不言《易》？

以運使而能問《易》於主簿，以主簿而敢言運使不知《易》，此皆知《易》之大者。此程門公案。《孟子》雖不言《易》，觀其變通知時處，無處不是《易》。

公孫丑問孟子：「加齊卿相，由此伯王不異，如此則動心否乎？」孟子曰：「不動心。」前輩作不動於卿相説。程門説道，公孫丑恐孟子當此事不去，有所疑懼。此何見而云耳？當將後面孟子答公孫丑語，并公孫丑問之言詳之，則程子之説真有所據。若公孫丑問孟子動心於卿相，孟子自將伯夷、叔齊等人答之，必不説及養勇道理。

布縷、粟米、力役，以《周禮》一書觀之，是用其一，緩其二否？

《周禮》三者之征俱有，但用之先後無可攷，便當以《孟子》之言爲周禮。

程子謂孟子有些英氣，又云英氣甚害事。不知孟子英氣見於甚處，又不知英氣如何害事？「説大人則藐之」之類爲英氣。英氣是有芒角，到聖人地位，則渾無芒角。今尋常柔善的人，却須要些英氣，不是即奄奄泉下人矣。

程子云：「論性不論氣，不備；論氣不論性，不明。」願詳其旨。

孟子性善，從源頭上説，及論情論才，只是説善，不論氣質清濁厚薄，是不備也。諸子紛紛之説，各自把氣質分別便作天性看了，其不明之失爲害滋甚。孔門性相近，習相遠，却説氣質之性，上論清濁，至説上智、下愚，乃論得氣清之十分厚者爲上智，氣濁之十分薄者爲下愚，其間相近者，乃是中人，清濁在四六之間，總起是三等氣質。此説乃是與孟子之説互相發明。要知孔子只説氣質之性，孟子是説源頭本然之性，諸子只是把氣質便作本然之性看，錯了。孟子全不論氣質之性，只論正性，是其説猶未備。若諸子渾不説得正性，只論得氣質之性，則是不明大本矣。所以程門必合而論之，其説既備，其理又明。

何謂孔子「集大成」？

成者，樂之一終，《書》所謂「《簫韶》九成」是也。樂有八音：金、石、絲、竹、匏、土、革、木。若獨奏一音，則其一音自爲始終，此樂之小成也。若八音并奏，始以大樂起，終便以大樂終，所謂合衆小成而爲一大成者，此樂之大成也。樂之小成大成若此，孟子舉此，正欲喻三子之各極其偏，而孔子之獨備其全也。且學問體要，惟始之致知，終之力行而已。知之明，則爲智；行之至，則爲性。始之知止於一理，而終止成於一理，此三子也。始之知兼夫衆理，而終之卒成於衆理，此夫子也。吾觀伯夷之清，伊尹之任，柳下惠之和，其始之知止於一理上見得透徹，故其終之聖也，止各成於一德而已。夫其止於一德者，彼各自以一德爲大矣。以清爲大者，則以任爲小；以任爲大者，則以清爲小；以和爲大者，并以清與任爲小矣；於是各以一德自爲始終，亦由樂之一音自爲起結，所以爲小成也。孔子之大成，豈外三子之聖而爲聖耶？亦曰集衆小以成其大，集衆卑以成其高，集三子之清、任、和，時出而用之，所以備道全美，而度越諸子，亦猶八音並奏，集諸小成而爲大成也。三子自樂於爲大，而不屑於小，故卒成於小也。孔子不恃其大而棄其小，故能成其大也。

仁、義、禮、智之端，與仁、義、禮、智之實，如何？

端者，端倪也，物之緒也。人受天地之中以生，具太極渾全之體，凡天地間千條萬件、精粗小大道理，無不悉備其中。綱目之大者有四，故名之曰仁、義、禮、智。然其未發也，則渾然而已，寂然而已，無聲臭可聞，無形迹可見。果何從而知有四者之體？亦就其端緒之發見者驗之，因其惻隱之情發見而知其中之有仁，因其羞惡之情發見而知其中之有義，因其辭讓之情發見而知其中之有禮，因其是非之情發見而知其中之有智，使其無是理於內，則何以發是端於外？由其有是端於外，所以知其有是理於內，譬之繭絲，外有一條緒，便知得內有一團絲，若其無絲在內，則緒何由而見於外？孟子所謂「乃若其情，則可以爲善矣，乃所謂善也」，亦由其情之發見者善，所以驗其性之善也。此惻隱、羞惡、辭讓、是非之情，所以爲仁、義、禮、智之端也。實者，真實也，對華而言也。仁、義、禮、智，其用廣大而切近真實之處，則莫大於孝悌之道，故仁民愛物，皆仁也，然此特仁之華耳。仁主於愛，愛莫大於愛親，則愛親乃仁之實也。事君敬長，皆義也，然此特義之華耳。義主於敬，敬莫大於從兄，則從兄乃義之實也。吉、凶、軍、賓、威儀、品節，皆禮也，然此特禮之華耳。節文此孝悌之道而行之，則禮之實也。辨白是非，決擇真僞，皆智也，然此特智之華耳。知極此孝悌之道而不失，則智之實也。仁義禮智之用至大，非孝悌便能盡得，然其真實切近者，則不過於孝悌之間。譬之木焉，有華有實，實在所重，華在所輕。有子謂「孝悌也者，其爲仁之本與」，「君子務本，本立而道生」者，此實之謂也。自古説性，未嘗備言，至孟子方始備言。蓋其時異端並起，性分之理不明，往往以性爲不善而莫之率，故孟子於人不知不覺處提出惻隱、羞惡、是非、辭讓之情，使人驗而知爲仁、義、禮、智之端，於人日用常行處提出孝悌之事，使人由而行，而知爲仁、義、禮、智之實。此皆前聖所未發，而孟子發之，其有功於後學者多矣。

明道言「舜發於畎畝之中」至「孫叔敖舉於海」，若要熟，也須從這裏過。熟處如何？

更嘗變故多，則閲義理之會熟。熟，謂義理與自家相便習，如履吾室中。

成德、達材之分如何？

成德如顔閔，達材如由賜。此指教者言。成德謂成其德，達材謂達其材，隨其淺深，令各有所就。

窮理盡性以至於命如何？

講學明理之後，方能擴充以盡其性，到盡性田地，方是了當爲人之理，方於本來賦予自家底無少虧欠，乃聖人極至之事，毫髪無遺憾處，必如是而後與天無間，故以至於命。蓋到此地位，自家便做天命了，更不須別説知命、立命。

人性本善，氣有清濁，了然可見，但未識才字頭面如何。程子謂才禀於氣。朱子謂「才，材質，人之能也，人有是性，則有是才」，意者才即材能，人生出來便會做得堯舜，初無上智、下愚之分。故愚於程子之説粗曉，朱子則謂程子此説與孟子不同，如何？

才猶材質，所以能爲善、能爲惡者，即此材質爲之。既是材質，即帶氣禀上行，故又言氣質。氣質有清濁厚薄，所以説善固是性，惡亦不可不謂之性。孟子把諸路頭一齊截了，謂性善，才又善，情又善，惡從何處來？諸家必欲究見惡之根柢，則孟子之説，容有未備。故程子論性，必兼氣質言之，謂「論性不論氣，不備；論氣不論性，不明」，所以晦翁謂有異同。

「持其志無暴其氣」，當兩下工夫，繼此乃只言「知言」「養氣」，而不言「持志」者，莫是「養氣」即是「持志」，舉一隅可見？

持志、知言、無暴其氣，本都是不動心工夫。告子不動心法，只是曰持其志，更不理會養氣，亦不理會知言，故孟子既言告子之失，而自謂我之不動心，却有此兩節也。

夫學問之道，既曰收放心矣，而有所謂正心、養心、存心、盡心，不知如何頭緒恁地多？

存養專一，即是收放心。存養既熟，則心得其正，而全體昭融，方可言盡心。

「《春秋》，天子之事也。」夫子還有此意否？

此謂聖人以王法繩諸侯，所褒所貶皆是奉行王法，即空言以寓行事，與天子無異。此聖人大用，非孟子不能知，胡氏《傳》發明備矣。

「治人不治反其智。」然智，所以辨是非也，治人者，豈止於辨是非乎？

治，謂人主臨民，必有明照之智，方能服得人，臨民而民不服，是自家明照不足也。

孟子曰：形色，天性也。告子曰：食色，性也。二者之分如何？

形色爲性，是引形氣入道理中來。食色爲性，是逐道理出形氣外去。霄壤之分。

孟子曰：「久於齊，非我志也。」三宿出晝，猶以爲速。何哉？孟子之志，不欲久居齊者，知齊王之不足有爲也。孟子之心，不忍速去齊者，覬齊王之猶可有爲也。

「王者之迹熄而《詩》亡。」蓋謂《黍離》降爲「國風」而「雅」亡。不知是經聖人删《詩》後降爲「國風」耶，抑《黍離》諸詩氣象卑下，有類於《國風》邪？「雅」詩多是王者朝會燕饗樂章，或是公卿大臣規諫獻納之所作，東遷以後，朝廷既無制作，公卿又無獻納，故「雅」詩遂亡，獨有民俗歌謡，其體制聲節與列國之風同，故止可謂之「王風」，非聖人能降之也。

「君子所過者化，所存者神。」横渠先生云：性性爲能存神，物物爲能過化。性本清靈，能性其性，則本體之清靈具在而一塵不染，故所存者神。心本無物，當應物，只是因物於物，使物各當物，物去而心不與之俱往，故所過者化。

讀「孔子登泰山小魯」一章，晦翁解「難爲水」「難爲言」，以爲猶人不可爲衆之意。仁不可爲衆，言仁者難爲衆，看有幾多人衆來到仁者面前皆使不得，猶泰山之前難爲山，大海之前難爲水。

布縷、粟米、力役之征，國家缺一不可，況《周禮》之制亦皆取之於民，而孟子曰：用其一而緩其二。晦翁乃有夏秋之辨。夫秋夏之説，始出於唐。不知何所據而云？緩，非廢其征，但不作一時併征之耳。《月令》：孟夏蠶畢而獻繭税，孟秋農乃登穀，始收穀。布縷征之夏，粟米征之秋，乃古法，若唐分兩税，非止布縷、粟米之征，乃是取大曆十四年應該賦斂之數，併而爲兩税，名同實異，失孟子之意矣。

「堯舜，性之也；湯武，反之也。」有輕重否？

二字雖不同，然皆與性字相拗。性之是生來自然如此，身之是踐履做得如此。性之是不學自能，反之是必學而後能。

孟子説不當見諸侯，又却不遠千里，自來見梁惠、齊宣。

陳代問之，公孫丑問之，萬章問之，只争往見不往見，召與不召。所以見梁惠王，《史記》以幣聘則見。齊宣未曉其義。

「持其志，無暴其氣」，當兩下工夫，繼此只説「知言」與「養氣」，乃不兼言「持志」，何也？

孟子養氣以集義爲主。所謂集義者，以直養而無害耳，是即持志之謂。

孟子答彭更之問，其於「食志」「食功」之説，皆所不取，然「食功」「食志」，皆非待士之禮處。「子何以其志爲哉？其有功於子，則食之。」「然則子非食志也，食功也。」此是一章歸宿處。孟子所以傳食諸侯，不以爲泰者，以其有明道之功耳。

「夫仁，亦在乎熟之而已矣。」《集註》謂不熟，反不如他道之有成。不知他道指何物而言？他道，如百工衆技，百家諸子。皆是深言仁之不可不熟耳。

盡心、知性，存心、養性，上是知工夫，下是行工夫。然上一節知性在先，盡心在後；下一節存心在先，養性在後。何也？知性，即窮理格物之學，是工夫最先者。盡心，即《大學》知至境界。存心，即誠意正心之謂，養性在中矣，非存心外别有所謂養性工夫，故養性在存心下。

「必有事焉而勿正。」孟子本爲養氣設，程門乃轉作養心法。《孟子》一書持敬工夫少，如此二句，最爲細密，然其用處亦只施於養氣，其所謂事者，只指義直而言，大概工夫較粗些，所謂孟子有英氣，謂此。程門愛此二句，故借轉作敬用。

聖人不思而中，謂明睿所照，萬物森然而無所逃，初不待攷索而得。然周公仰而思之，夜以繼日，何耶？據聖人地位，可以不思，可以不勉，可以不學，然聖如堯舜，愈兢兢業業，何曾謂我自聖來？此人心所以不死，天理所以常行。聖人爲人立極處，爲有此心。

立命、正命、知命之辨。

立命，謂不惑於短長之數，但當修身以俟。正命，謂盡其道而死，不死於非命，如殺身成仁亦是盡道。知命，謂知許多道理。

孟子道性善，先儒又謂善固是性，惡亦謂之性。何如？

孟子專説義理之性，諸子專説氣稟之性。專説義理，則惡無所歸，是論性不論氣，孟子之説爲未備。專説氣稟，則善無所别，是論氣不論性，諸子之論爲不明。程子兼質論性。

「夫子賢於堯舜遠矣」，何處見？

衣於斯，食於斯，寢且處於斯，終身由而不自知，夫子之功所以與天長地久，雖堯舜不能與也。

孟子通五經，又不知所遺者何經？

孟子亦不見《周禮》，故説班爵禄處與《周禮》别。

何以「夏后氏五十而貢」？

夏商若同是井田，則皆八家同爲一井，但田有多寡耳。夏之井，則爲五十畝者九，其中五十畝爲公田。商之井，則爲七十畝者九，其中七十畝爲公田。此以周井田法約之。但孟子言，唯助爲有公田，貢則什取其一，即是夏之貢不井，但於五十畝之中抽十之一以供貢；商之助則井，却於七十畝之外，别取公田之什一以輸官；周之徹既是井田，則亦於百畝之外，以公田之入供官；餘説甚長，非可以立談盡。

既是「持其志無暴其氣」，當兩下工夫，繼此説「知言」「養氣」而不説「持志」，何邪？

集義便是持志。孟子細密工夫如此，不肯下一「敬」字，所以先儒謂孟子才高難學，學之無依據，不得如顔子親切者，此也。

「庾公之斯」一段。《集註》云：雖存私恩，猶害公義。君子於此時何以處之？

若論王事，則見君而不見師，所以去金發矢，猶是一夫之小德，比於一飦之恩耳。

齊景公説晏子之對，是以自責省民，興發補不足。齊景公始知此意而爲之未足爲至也，而遂有君臣相悦之樂。若晏子者，既告其觀游之事於始，至此乃不復有警戒之言。未知是否？須看他相悦者是何等事，作樂者是何等語。臣規諫而君聽從，異乎人之相悦矣。其樂詩曰「畜君何尤」，尤異乎人之樂。

「非禮之禮，非義之義，大人弗爲」，如何？

大人，則道全識周，貫萬變而不膠於其迹，故無此蔽。學未到大人變通處，則必膠於陳迹。

孟子稱「鄉黨莫如齒」，周家黨正飲酒之禮，三命而不齒，則有時乎不用齒矣。古人行禮，毫釐必計，惟一命之士卑，例與鄉黨序齒；再命稍崇，只與父族序齒，已不行於鄉黨矣；三命爲大夫，加尊矣，雖父族不可以齒論也。於是有庶子尊東之禮，則别爲拐位，庶可不使貴者雜處亂齒，乃是尊齒處，且兩不相妨也。

「爲政不難，不得罪於巨室。」

得罪，謂非理致怨。所謂不得罪者，謂合正理而不致怨於人，非曲法以奉之也。大家，人心所係，義理服得大家，則人心歸之矣。

「士無世官。」如周之太史，如何却世守其官，久而爲氏？ 其業如百工，然世守其業，何也？如宗、祝、卜、史，古人率是世官，至有子孫爲姓氏者。 蓋此等事，非人所通習，不嫌於世守。

《春秋》明尊王之法，孟子乃專以王道與列國言，曾無一語及於周室，毋乃周至此時決不可以有爲邪？ 然君子表微，天下大分，要不可一日泯也。 有他説否？

此是孔、孟灼見天心，以天自處，周有一日天命，便當爲周文王、孔子是也；一日天命去，周便當爲周武王、孟子是也。 請詳《集註》。

木鐘集卷三

宋陳埴撰

六經總論

六經者，《易》《書》《詩》《禮》《春秋》《樂》也。自秦火之餘，獨五經存而《樂》遂喪。戴氏集孔子之遺言而謂之《禮記》，居六經之一焉。若以爲禮經者，《儀禮》也。自戴《禮》既行，《儀禮》遂廢，則古無《周禮》之書也。今戴《禮》、《周禮》爲二經，而《樂》遂無傳，何也？

古《樂》書今亡矣。止是《儀禮》，今亦不全，止存十七篇。大小戴《禮》，乃漢儒集古今之文爲之，非古禮之正。《周官》乃法守之書，今人誤稱爲《禮》。

《文中子》曰：「《詩》《書》盛而秦世滅，非尼父之罪也；虛無長而晉室壞，非老、莊之罪也；齋戒修而梁國亡，非釋迦之罪也。」

「《詩》《書》盛而秦世滅」，恐不可以下文例論，謂秦焚滅六國耳。王氏崇獎異教，至與吾道同科，學術之疵正不足論，但其區區之意，猶曰非師之本教然也，學之者誤耳。如釋老之誤，固不足道，只六國處士橫議，與今世虛文浮靡，皆有禍聖經之理，乃孔氏之罪人，非師之本教然也。

孔子刪《詩》定《書》，《黍離》閔周之詩，乃儕於《國風》之列，而《七月》陳王業之艱難，乃不得與《雅》《頌》並稱，至序《文侯之命》《費誓》《秦誓》諸書，復繫於百篇之末，而與典、謨、訓、誥、誓命之文屬辭比事，夫子之意安在？

《雅》《頌》是朝廷制禮作樂之章，或臣工規諫之詩。周室既東，《雅》《頌》不作，只有民俗歌謠，孟子所謂《詩》亡，乃《雅》《頌》亡，先儒所謂降爲《國風》也。《豳》列於「變風」，《文中子》所謂「君臣相誚，其能正乎」，其說甚詳。《風》之終繫之《曹》《檜》，《書》之終繫以《秦》《魯》，以見亂極思治之意。

河圖、洛書

此非但道理當然，以圖書攷之，自可見，如《河圖》以生數統成數，《洛書》以奇數統耦數，若不相似也，然一必配六，二必配七，三必配八，四必配九，五必居中，而配十二圖，未嘗不相似；《河圖》之奇耦異位，若不相似也，然同方者有內外之分，一居內、六居外之類。是《河圖》猶《洛書》也。異位者，有比肩之義，一居左、二居右之類。是《洛書》猶《河圖》也。又如《河圖》則備數之全，《洛書》則缺數之十，此疑甚相戾也。然《河圖》之全數，乃皆自五而來，一得五而爲六，二得五而爲七，三得五而爲八，四得五而爲九，至其所謂十者，乃五得五而爲十，其實未嘗有十也。八卦全不用十。《洛書》雖曰缺十，而皆有含十之義，一對九而含十，二對八而含十，三對七而含十，四對六而含十，十常夾居五之兩端，與《河圖》頗相類，是亦未嘗無十也。又五居中而不用，必皆虛其中，則二圖陰陽之數均於二十，此又未嘗不同也。至於表裏之説，則《洛書》具太極、兩儀、四象、八卦之理，《河圖》具九疇子母之數，前輩論之詳矣。若劉牧，直謂伏羲兼取《圖》《書》，又從而易置之，是蓋知其表裏之説，而不善用也。

八卦九章，聖人經世之法耳。論者曰：河出圖，洛出書，以爲天不愛其道。然否？伏羲因《河圖》而畫八卦，大禹因《洛書》而叙九疇，天不愛其道，正謂此也。

天乃錫禹《洪範》九疇，或謂即是《洛書》，不知經何取證？天以《洛書》之數闡道之秘，聖人以《洪範》叙道之用，道非數不闡，數非疇不叙，疇非聖人不能明其用也。《易大傳》曰：「洛出書，聖人則之。」今觀神龜負文而出，列於背有數，自戴九履一，左三右七，二四爲肩，六八爲足，而五則居其中，各有定位，而縱横錯綜，其數皆十五，非有次第之序也。自禹欲因之以明大法，遂因而第之，以成九類，而《洛書》之序始有條而不紊，故以《洛書》之一居初而則之，曰此五行也；以《洛書》之二居次而則之，曰此五事也；以其三又居次，而曰此八政也；以其四又居次，而曰此五紀也；以其五又居次，曰此皇極也；下四疇皆然。要之自一至九，《洛書》之本數；加初次於上者，乃禹之所以次第之疇。凡言數者，未有言初次其上，既次其數，又復加初次者，非贅也，蓋别初次爲禹之次第，而九者之數，則《洛書》之本文也。《洛書》之文，具此章之文，而讀者不明，其讀《洛書》，當以初一、次二爲讀，概以爲禹叙九疇，而不悟其中含《洛書》，至以《洛書》爲不經無據之誕説，是不精《洪範》之學者。孔安國註「九疇」爲《洛書》，註「初次」爲禹所次第法則，註「一五行」以下爲箕子所演，最爲得之。

夫《洛書》者，大禹治水之時，神龜負文而列於背，禹則之而爲疇也。《洛書》本無文字，但有奇耦之數，自一至九，其數如此，禹叙而次第之。以其一居初，而爲五行；以其二居次，而爲五事；三又次之，而爲八政；四又次之，而爲五紀；五又次之，而爲皇極；六又次之，而爲三德；七又次之，而爲稽疑；八又次之，而爲庶徵；九居次之末，而爲福極。自一至九，《洛書》之本數。初次者，禹次第之文。五行以下，即禹法則之事也。蓋因《洛書》自然之數而垂訓於天下後世也。若其效法次第之義，大抵因《洛書》之位與數而爲之。《洛書》一位在子，其數則水之生數，氣之始也，故爲五行，五行則陽變陰合，交運而化生萬物，則爲人事之始矣；二位在坤，其數則火之生數，氣之著也，故爲五事，五事則五氣運行，人之稟形賦色，妙合而凝，修身踐形之道立矣；三位在卯，其數則木之生數，氣至此而益著也，故爲八政，八政則修身不止於視、聽、言、貌、思之事，而立經陳紀，創法立度，舉而措之天下矣；四位在巽，其數則金之生數，氣至此而著益久也，故爲五紀，五紀則治不止於食貨政教之事，而察數觀象，治曆明時，仰以觀於天文矣；五居中央，爲八數之中，縱横以成十五之變，蓋土之沖氣，所以管攝四時，故爲皇極耳，則人君居至尊之位，立至理之準，使四方之面内環觀者，皆於是而取則，所以總攝萬類也；六位在乾，其數則水之成數，氣合而成形也，故爲三德，三德則不徒立至極之準，而臨機制變，隨事制宜，且盡其變於人矣；七位在西，火之成數，氣合而形已著矣，故爲稽疑，稽疑則不徒順時措之宜，而嫌疑猶豫，且決之人謀、鬼謀，而盡其變於幽明矣；八位在艮，木之成數，氣合而形益著矣，故爲庶政，庶政則往來相盪，屈伸相感，而得失休咎之應定矣；九位在午，其數則金之成數，氣合而著已久矣，故爲福極，福極則休咎得失不徒見於一身，而通行於天下矣，其事廣大悉備，故居中焉。大禹九疇之序，順而言之，則五行爲始，故五行不言用。不言用者，乃衆用之所自出。錯而言之，則皇極爲統，故皇極不言數。不言數者，乃衆數之所由該。以五行爲始，則自一至九，愈推愈廣，大衍相乘之法也。以皇極爲統，則生數主常，成數主變，太極動静之分也。九疇本於《洛書》者如此。後學不悟此章具《洛書》之文例，以空談而説之，則陋矣。

《河圖》《洛書》相爲經緯，八卦、九章相爲表裏。

經緯之説，非是以上下爲經，左右爲緯。大抵經言其正，緯言其變。而二圖互爲正變，主《河圖》而言，則《河圖》爲正，《洛書》爲變；主《洛書》而言，則《洛書》爲正，而《河圖》又爲變。要知天地間不過一陰一陽以兩其五行，而太極常居其中。二圖雖縱横變動，要只是參互呈見此理，所以謂之相爲經緯也。表裏之説亦然。蓋《河圖》不但可以畫卦，亦可以明疇；《洛書》不特可以明疇，而亦可以畫卦。但當時聖人各因一事以垂後世，伏羲但據《河圖》而畫卦，禹但據《洛書》而明疇。要之伏羲之畫卦，其表爲八卦，而其裏固可以爲疇；禹之叙疇，其表爲九疇，而其裏固可以爲卦。此所以謂之相爲表裏也。

閏法

《左傳正義》曰：周天三百六十五度四分度之一，日一日行一度，月一日行十三度十九分度之七，計二十七日有餘，月已行天一周，至二十九日過半，即月法二十九日四百四十九分也。又逐及日而與之會，是爲一月。十二月而成歲。一歲氣周有三百六十五日四分日之一。今十二月維三百五十四日，是少十一日四分之一，未得氣周。細而言之，一歲正少十一日少弱。所以然者，一月有餘分二十九，日法九百四十分，四百七十分爲半日。今有四百九十九日，是餘二十九分。合十二月餘分三百四十八，是一歲既得三百五十四日，又餘三百四十八分。一日九百四十分，其二百三十五分爲四分日之一，今於餘分三百四十八內，取二百三十五以當四分日之一，仍有一百一十三，其餘整日惟有十一日，又以餘分一百一十三減之，是一年正餘十日八百二十七分，不成十一日。故謂十一日少弱。一年餘十日八百二十七分，積十九年，餘二百六日六百七十三分少弱，足以當之。古今曆法推閏月之術，皆以閏餘減章歲餘，以歲中乘之章閏，而一所得爲積月，命起天正，算外閏所在，其有進退，以中氣定之，無中氣，則閏月也。古曆十九年爲一章，章有七閏，入章三年閏九月，六年閏六月，九年閏三月，十一年閏十一月，十四年閏八月，十七年閏四月，十九年閏十二月。此據元首初章。若於後漸積餘分，大率三十二月則置閏，不必同初章。日月運轉於天，如人之行步，故推曆謂之步曆。步曆之始謂之上元，必以日月全數爲始，於前更無餘分，以此日爲端首，即十一月甲子夜半朔旦冬至也。故言履端用始也。分一周之日爲十二月，則每月當三十日餘。以日月會爲一月，則每月惟二十九日餘。每月參差，氣漸不正，但觀中氣所在，以爲此月之正，取中氣以爲正月。閏前之月，中氣在晦；閏後之月，中氣在朔。無中氣則謂之閏月，故言舉正於中也。月朔之與月節，每月剩一日有餘，以所有餘日歸之於終，積成一月則置閏，故言歸餘於終也。

木鐘集卷四

宋陳埴撰

易

《易》與《太玄》，數有何不同？

《易》是加一倍法，《太玄》加三倍法。《易》卦六十四，《太玄》卦八十一。《太玄》模放《周易》，只起數不同耳。先儒謂將《易》變作十部《太玄》亦得，但無用耳。

「陽卦多陰，陰卦多陽」，如何？

二耦一奇，❶即奇爲主，是爲陽卦。《震》《艮》《坎》是。二奇一耦，即耦爲主，是爲陰卦。《巽》《兑》《離》是。陽實陰虚，故《易》陽爻以富言，如《小畜》之九五是也；「富以其鄰。」陰爻不以富言，如《泰》之六四是也。「不

❶ 「二」，原誤作「一」，今據元刻本改。

富以其鄰。」《家人》卦六四乃云「富家大吉」。晦翁云：陽主義，陰主利。不通其旨。
陽善陰惡，陽君子陰小人，故義、利皆以其類分。此義見於《坤・彖》。有主利之文。

內卦曰貞，外卦曰悔。「貞」「悔」字如何？或説「貞」「悔」字皆從卜。
「貞」「悔」二字，先儒難之，但自古占法用此。貞言其事之正體，悔言其事之變體。吉凶不可預定，遇事方驗之矣。

「元亨利貞。」何獨以「利貞」爲性情？
四時之運，何適無性情？但天地性情，常於收斂歸藏處見之。爲有性情，故到此境界，雖剥落隕穫，元來不曾歇滅。

「吝」字如何？
吝，謂可羞恥，心有歉而不足也。

何謂「《乾》《坤》從而六子横」？
此伏羲先天《易》八卦圖，《乾》居上而《坤》居下，縱也；六子分左右，横也。

「參伍以變。」未審「參伍」是何數。

「參伍」，猶言錯綜也。三其三爲參，五其五爲伍。言縱横反覆以推其變。

卦「反對」如何？

伏羲《易》以出入爲次，文王《易》以反對爲次。《乾》《坤》純體，《坎》《離》互體，《頤》《大過》《小過》《中孚》，雜體中之正者。此八卦不可反，爲兩相對，餘五十六卦爲雜體，兩相反以爲對，於雜然紛錯之中，自有井然不紊之統紀，所以爲妙。

包羲氏畫八卦，所謂經卦也。至文王始重六十四卦，所謂別卦也。何《周官·大卜》所載夏之《連山》、商之《歸藏》，已具六十四卦之名於文王未重之前耶？《連山》《歸藏》之不著於後世，豈以若此等處有不可攷據者歟？

才有八卦，便有六十四卦，所謂太極生兩儀，兩儀生四象，四象生八卦，但以加一倍法生去，即八卦生十六卦，十六卦生三十二卦，三十二卦生六十四卦。此卦畫之所由起，先天之學也。以八卦重而爲六十四卦者，其法亦通，但此乃後天之學，在六十四卦既成之後，任人如何變通也，只是一卦變而爲六十四卦亦可，非但重也。卦有生法，有重法，有變法。

三《易》，《連山》，《歸藏》，孔穎達以爲神農曰《連山》，黄帝曰《歸藏》，故其《易》各以代名，如文王號《周易》也。宋朝朱震以爲商人作《歸藏》，夏后氏作《連山》，數皆用七八，《春秋》所謂「遇《艮》之八」是也。二説未知孰是。

《連山》《歸藏》，世代不可攷，但自古占法，必用三人。《洪範》「三人占」，説者謂三《易》。當時上古相傳之書，其經卦皆八，其别卦皆六十四，但其卦名、占法，恐不類《周易》耳。《左傳》所載占筮語，其中非《周易》者，疑出於此。

孔穎達以爲制器有取於十三卦，則黄帝已前，已有重卦矣。至諸儒論重卦之人，王輔嗣以爲伏羲，鄭玄以爲神農，孫盛以爲夏、商，史遷以爲文王，宋朝鄭東卿以爲重於夏、商之際，文王囚於羑里，遂重定之。然乎？

十三卦取象説，上古雖未有《易》之書，元自有《易》之理，故所作事皆暗合《易》書，邵康節所謂「畫前之《易》」是也。若重卦，則不待後聖，才有八卦，便有六十四卦，故《周禮》曰：「三《易》經卦皆八，别皆六十四。」

八卦重爲六十四，傳習皆以爲文王重之，或云伏羲重之。

謂伏羲亦可，謂文王亦可，謂之生亦可，謂之重亦可。伏羲才生得，文王亦生得，伏羲才重得，文王亦重得。

《易》何以爲逆數？

《易》本逆數也。有一便有二，有三便有四，有四便有十六，以至於六十四，皆由此可以知彼，由今可以知來，故自《乾》一以至於《坤》八，皆循序而生，一如横圖之次。今欲以圓圖象渾天之形，若一依此序，則《乾》《坤》相並，寒暑不分，故伏羲取天地定位、山澤通氣、雷風相薄、水火不相射之義，以《乾》《坤》定上下之位，《坎》《離》列左右之門，《艮》《兑》、《震》《巽》皆相對而立。蓋《乾》《兑》《震》《離》皆屬陽，《巽》《坎》《艮》《坤》皆屬陰，悉以陰陽相配。圖必從中起者，蓋萬事從心出之義；卦必從《復》起者，蓋天開於子之義。自一陽始生之《復》起冬至節，歷《離》《震》之間爲春分，以至於《乾》爲純陽，是進而得其已生之卦，如今日覆數昨日，故曰「數往者順」。自一陰始生之《姤》起夏至節，歷《艮》《兑》之間爲秋分，以至於《坤》爲純陰，是進而能推其未生之卦，如今日逆計來日，故曰「知來者逆」。然本其《易》之所成，只是自《乾》一而《兑》二，《離》三而《震》四，《巽》五而《坎》六，《艮》七而《坤》八，如横圖之序與横圖之右方而已，故曰「《易》，逆數也」。

《易》自《乾》《坤》已後，自《屯》至《比》，皆對《坎》成卦，自《比》以後，始對《坤》成卦。不知諸卦何以首對《坎》而成卦，而《乾》《坤》始繼《坎》之後？

《周易》六十四卦相因之序，不可作如是觀，只是兩兩相對，否則相反，但明反對之義。《乾》《坤》，對也。《屯》《蒙》，反也。必以序論，則説具《序卦》。若原畫卦之初，則《乾》一、《兑》二、《離》三、《震》四、《巽》五、《坎》六、

《艮》七、《坤》八，因而重之，則《乾》居一而《坤》居六十四。此則先天之學，《易》本然之序也，可攷《啓蒙》。見得此段，令人心開目明，方知先天之味無窮。而《周易》，特後天之學耳，看人如何排定。

《易》之數，本乎天地，由一二而推之，故奇耦相生，而終於五十。《太玄》之數，本乎三才，由三六而積之，故十八相參合而爲五十四。❶ 此其積所以不同也。《易》正本以立其常，《太玄》推測以窮其變，非常無以成一歲之功，非變無以致歸餘之閏。此其用所以異也。未知然否？

加一倍法，即兩儀生四象，四象生八卦，八生十六，十六生三十二，三十二生六十四，以六十四自相乘爲卦四千九十六來説，乃大衍之數。《太玄》未嘗學，不敢臆説。

《易》所以爲衰世之意者安在？

經云「當文王與紂之事」，「其辭危」者，謂專説吉凶悔吝，文王身遭大難，又導民以趨吉避凶，豈非衰世之意邪？

「《乾》《坤》成列而《易》立其中」，「《乾》《坤》毁則無以見《易》」。《本義》云：《易》之所有，陰陽而已，畫卦定

❶「而」，原誤作「十」，今據元刻本改。

位，則二者成列，而《易》之體立。《乾》《坤》毁，謂卦畫不立。下面説《乾》《坤》，又謂變化不行。此變化，莫是卦變之説否？

此據先天圖言，謂落筆之初，陽畫在右，陰畫在左，只此二畫分左右成行列，而一部《易》書已在其中。設若當時分此兩畫不成，則《易》書無自而見，便是《乾》《坤》毁，無以見《易》。設若當時作此《易》書不成，則二畫幾於歇滅無用，便是《易》不可見，則《乾》《坤》息。此意雖主説《易》書，然天地大化亦只如是。

「《易》與天地準」，「知幽明之故，原始要終，知生死之説」。❶《易》固大無不周，小無或遺，不知幽明、死生、始終之理，何處是實理？

《易》以道陰陽，一奇一耦，相摩相盪，總不離乎一陰一陽之道。故凡幽明、始終、死生之故，皆陰陽之爲耳。

「知鬼神之情狀，與天地相似，故不違。」鬼神之道，亦天地間之一物，不知其何者與天地相似，理耶？氣耶？以言其相似，則鬼神之情狀大矣。

氣至而伸者爲神，氣反而歸者爲鬼。以二氣言，神者，陽之靈；鬼者，陰之靈。鬼神即天地之功用，二氣之

❶「生死」，元刻本倒。

良能，乃是氣中含道理者也。❶

《困》之九五，上下皆揜於陰，有劓刖之象，是困而又困也。何以利用祭祀？凡《易》言祭祀處，爻多中實，否則中虛。中實則誠信之象，中虛則誠信之理。當《困》之時，以九居五，百事不利，惟有中實利祭祀耳。凡曰利祭祀，則有亨通獲福之理焉。

「雷風相與」，暫焉而已，何以謂之《恒》？

雷而必風，此理之常。

「風自火出」，何以謂之《家人》？

猶言風化自内出也。火，文明之德。夫夫、婦婦、父父、子子、兄兄、弟弟，即内文明之象。一家之風化，由嚴明中來，所以一卦多尚嚴明。

《剥》卦上九，一爻變則爲純陰，故陽剥爲《坤》，陽來爲《復》。程子曰：陽無可盡之理，《剥》盡於上，則

❶「乃」，元刻本作「仍」。

《復》生於下，無間可容息也。若以卦配月，《剥》當九月，《坤》當十月，《復》當十一月。九月一陽留，十月則純陰，十一月而陽始生，似乎有息時也。然因程子之言而推之，十月雖號爲純陰之月，然九月一陽至十月，漸漸微，故謂之有陽則不可，只得謂之純陰，到得一陽來復，亦只是前日之陽，到此漸漸長，非謂一陽到十月都無，直至十一月始生也，故謂十月爲陽月。真個十月，有這陽在，恐人疑其爲純陰，而不知陽未嘗息也。故晦翁曰：謂《坤》卦純陰而不爲無陽則可，而便以《復》之一陽已動爲比，則未可。亦此言耳。而程子所謂《剥》盡於上，亦只得如此，非謂陽果盡也。此意如何？

《剥》《復》二卦，雖皆以一畫當一月，然一畫之生死，首尾跨於前後兩月，豈以一月之間遽分消長邪？凡一畫之生，生於前月之半，一畫之消，消於後月之半，猶一日之晝夜，論其氣之起止皆跨於三日。❶如《剥》之消，自九月半消起，至十月半始盡；如《坤》之生，自九月半生起，至十月半始成；如《坤》之消，自十月半消起，至十一月半而始盡；如《復》之生，自十月半起，至十一月半始成。故《坤》雖號爲純陰之月，然上半月有《剥》卦消未盡之陽，下半月有《復》卦生未成之陽，所以無間可容息也。❷

《無妄》之九五，《乾》剛中正以居尊，而下應亦中正，「無妄」之至者也。何以有疾？雖「勿藥」而「有喜」，

---

❶ 「跨」，元刻本作「剥」。

❷ 「間」，原作「門」，今據元刻本改。

然所以致疾者何在？

此爻專發「無妄」之義。五爲《無妄》之主，事事皆正，本非有妄，所慮者過用其心耳。才過用其心，便爲有妄，俗語所謂「愛好得不好」也。

《大有》之六五，但言「厥孚交如，威如吉」。《大有》之義安在？

一卦以一陰爲主，所有已是大了，但當交之以孚，濟之以威，則能有其大矣。孚者其本有，威者其不足。

《睽》九二「遇主於巷」。主謂六五，正相應也。六五既居中得正，安得有巷之象？

當《睽》之時，雖正應，不能自合義，當委曲相遇。古人無不正之合，獨於《睽》發此義者，義當然耳。

《乾》一畫，《坤》兩畫。晦翁謂《乾》只是一個物事，充實徧滿，皆天之氣，《坤》便有開合乾氣上來時。不知何謂「開闔乾氣上來時」？

《坤》畫中虛，有開闔之氣。天體渾淪，包於地外，地氣或開或闔，能受天之氣，故天之氣能從地下升騰出來，恐是如此。

「發蒙之初」，「利用刑人」。

童蒙之始，未有識知，未受得義理，説話且當育養其畏心，但得畏心存在，將來漸次開明。

「直其正也，方其義也。」繼之曰：「敬以直内，義以方外。」何不言「正以直内」？以正解直則可，以敬解直則不可。轉正爲敬者，蓋才敬，則心必正，敬則豎起精神，不令放倒，乃是「正以直内」處，爲下一轉語，即唤起精神，所以「敬」字有工夫。

《易》之《復》曰「復其見天地之心」。《大壯》曰「正大而天地之情可見」。心與情體段如何？主宰者爲心，流行者爲情。

《乾》易以知險，《坤》簡以知阻，於何處見得？

《乾》性快，有作便成，故易；《坤》性隨順無作，故簡。陽自上臨下而不陷於險，故云「知險」，陰自下升上而不困於阻，故云「知阻」。蓋自上臨下，危處爲險；自下升上，危處爲阻。《乾》《坤》以易簡，故不陷於險阻。

《乾》之九三，獨主君子而言，何哉？

上不在天，下不在田，中恰在人，故發乾乾之義。蓋處兩乾之間，但當乾乾不息，進德修業，以盡人事耳。

《謙》卦上兩爻特發行師侵伐之義。既是謙退，却反進。退，莫是用兵之法，不欲輕敵躁進否？寓至高於至下之中，此兵法也，何止二爻。

《乾》之四德，體仁爲元，合禮爲亨，和義爲利，於貞則言幹事，何獨不言信與智？先儒多以信說貞，又何故掉智而言信？於幹事有相關？

四德不數信，只有仁、義、禮、智。智者，藏也。貞固乃智之藏處，四時至此斂藏，花葉都彫落了，只有根株固藏在下，爲將來發生之骨子，所謂貞固足以幹事。大智之藏用亦如此。不言智者，藏之也。

「《巽》，德之制也。」横渠曰：量宜接物，故曰制。

此九卦，又是一卦解。消詳爲處憂患時，不可用剛，宜以巽順柔伏之道裁制事宜，常時當以義爲制，此時當以《巽》爲制。

《觀》之卦九三之「觀我生」，九五之「觀我生」，上九之「觀其生」。

爲觀於天下者，五也。既欲爲的於天下，須當觀省我之所行。上九雖無位，乃是位高之人，亦下之所觀瞻，故亦當自觀其所行，但避九五，不得稱我，猶若他人之辭耳。九三去九五相遠，又不爲觀於人，止是自觀其所行當進與不進，故不嫌於同辭。

「五位相得而各有合。」天一與地六合，故謂之合。一五爲六，故一與六相得。不知其所以相得處如何？相得，謂一與二、三與四之類。天一、地二、天三、地四。有合，謂一與六、二與七之類。

「風行天上」，似無蓄聚之理，何以謂之《小蓄》？風者，披揚解散之意。今爲風矣，而止行於天之上，是猶有物止畜，而未得解散，所以成畜之小。

《屯》《蹇》二卦，皆是處險難之義，然二卦皆以九居五，以六居二，中正相應。怎生濟不得險難？二卦所以不成濟難之功者，緣五陷于險中，未能出險，故雖有剛明之君、中正之臣，但可隨事經理，不至水益深而火益熱，此時義當然，未必皆臣之過。

「精氣爲物，遊魂爲變。」神氣聚則物生，神氣散則物死。又曰：陰精陽氣聚而成物，神之伸也；魂遊魄降散而爲變，鬼之歸也。

「一陽復於下，乃天地生物之心。」萬物榮生之時，天地之心不待言而見，惟枯悴剥落之時，而生理孤單常在此，方真見天地之心耳。

卦變之説。程子主《乾》《坤》，朱子主他卦互變。未審以何爲正。

程子之例，可稱於三陽三陰之卦，或三畫不等者，即推之不通，若曉通例，即一卦可變爲六十四卦，卦卦皆然，所謂易也。若只《乾》《坤》二變，則非變矣。

「風行地上，《觀》。」「天下有風，《姤》。」《姤》象如何？

風行地上，周覽徧歷之象。天下有風，適與物遇之象。

《易》之有卦，所以推明夫「易」。卦之有爻，所以發揮其義。今也《損》之爻辭既曰損，而又曰益，《益》之爻則不言損。方謂損之中有益之理，而益之中無損之理邪？方謂聖人預先致戒於損之時，必知有益，何不預先致戒益之時必有損？

諸卦反對中，惟《否》《泰》《損》《益》《咸》《恒》《剥》《復》，其理勢迭爲出入，或雖不明言，而其血脉自相連貫，如《損》六五之得益，乃有損而人益之；《益》之上九，乃欲益而人損之，但不明言耳。

中實爲孚，中虚亦爲孚。

中實爲孚，謂實理充乎其内，而外邪不得入之，此《中孚》之體。中虚爲孚，謂外邪既不得入，故中惟有虚明道理，此《中孚》之用。

當蒙昧之時，正賴諄諄之誨，如何初噬告再三，瀆則不告？

欲開發蒙昧，須是至誠求師。瀆則非誠法，當不告，不告乃告之也。

《夬》者，夬去小人之卦也。《彖》言「不利即戎，利有攸往」，是謂去小人之道，固不當尚勇。然勇既不尚，何又利於往，即所謂往者，果何事？

以其剛決太過，故戒之以不宜專尚威武，然本是決去小人之象，能濟之以和説，則不妨自有所往。

明道曰：「敬以直内，義以方外，仁也。若以敬直内，則便不直矣。」敬義如何？是仁以敬直内，如何便不直？

持敬行義，兩相夾持，則私意自無所容。無私意，即惻隱之心流動矣。皆心學也，故謂之仁。敬以直内，則敬與心爲一；以敬直内，則敬與心爲二。生、熟之分耳。

《大有》上九一爻云「自天祐之」。諸爻皆有恐懼之意，此爻言天，從何而來？至《繫辭》推明其祐助之意，又説「尚賢」，又從何有尚賢之義？

《大有》之上九，處「大有」之世，而居無位之地，是不有其有者，自應獲天祐。又居至上之位，而比六五文明之賢，有尚賢之義，不有其有而以賢爲有，此爻最盛。

《坤》卦「德合無疆」「行地無疆」「應地無疆」，如何分別？

德合無疆，是《坤》配《乾》之德。行地無疆，是《坤》之本德。應地無疆，是人法《坤》之德。

「形而上者謂之道。」道何以言形？

一物必有一理。道即器中之理。器既有形，道即因而顯。此是分開不得的事。先聖欲悟後學，不奈何指開示人。所以俱言形者，見得本是一物。若除了此字，止言上者謂之道，下者謂之器，却成二片矣。

「繼之者善也，成之者性也。」朱先生謂繼言其發，成言其具，舉孟子性善之説如何？

程先生曰：「今人説性，只説得繼之者善也，如孟子是。人生以上不容説，才説性時，便已不是性。」繼之者善，是屬太極動而生陽，孟子正説此處。以上即爲太極矣。

《十翼》，上《彖》、下《彖》可以經而分上下，則大《象》、小《象》可以分上、下乎？

經有上、下，故《彖》《象》《大傳》皆分上、下。

「兩儀生四象。」説者謂天一、地二、天三、地四是也。夫四、五，生數也，而不及天五，何耶？或謂七、八、九、六，則老陰、老陽，少陰、少陽，此乃成數耳，而不及生數，又何耶？

四象不當以生成之數言，此各是一法。太陽之位一，而其數九，屬火，與地二生火不同。少陰之位二，而其數則八，屬金，與地四生金不同。少陽之位三，而其數則七，屬木，與天三生木不同。太陰之位四，而其數則六，屬水，與天一生水不同。一與九合而爲十，二與八合而爲十，三與七合而爲十，四與六合而爲十。四象雖不數五與十，然十與五在其中。有十，則五在其中。《易》主數，故用其數而不用其位。數主變，故用其老而不用其少。此六十四卦之所以獨用九、六也。

伏羲《易》，先天學；文王《易》，後天學。

先天之《易》，謂未有文字之先，伏羲神與天會，等閒畫出一奇一耦，兩兩相生，故由《乾》一而至《坤》八，由一畫而成六十四卦。自《復》至《乾》，前三十二卦，皆陽也，而有陽中之陰；自《姤》至《坤》，後三十二卦，皆陰也，而有陰中之陽。陰陽中分而八卦交錯，由是天地定位，山澤通氣，雷風相薄，水火不相射，畫中之理，皆暗與天合，不待仰觀俯察而自然之天文以著，不待求端取法而自然之變化以行，此伏羲之《易》，所謂先天而天不違，《易》之本也。後天之《易》，謂既有文字之後，文王觀象於天，因羲畫而通變化，由是八卦相乘而成六十四卦之體，兩兩相對而成六十四卦之序。自《震》而《乾》，則象春夏之陽；自《巽》而《坤》，則象秋冬之陰。由是《乾》《坤》處父母之位，六卦成六子之功，皆效法天時，以明法天之用，錯綜羲畫以通變化之宜，此文王之《易》，所謂後天而奉天時，《易》之用也。今人但執文字以言《易》，而不悟畫前元有《易》，此邵子所以高出一世之儒也。

《無妄》之六二曰「不耕穫，不菑畬」，所以發《無妄》之義也。伊川謂不首造其事，因其事之當然。夫不耕而得穫，不菑而得畬，天下未嘗有此道理。事不造其首，而終求其成，皆是妄也。何以謂之《無妄》？吾子可謂以辭害意矣。不首造者，謂作事之始，不可萌計較課功意，乃明道不計功之説也。

《噬嗑》一卦，以九三爻隔其上下，❶不其噬然，此爻之吉反勝於諸爻，何也？

《易》者，易也，不可死看。卦自是卦，爻自是爻，不可死看。此類甚多。

《既濟》卦，時既濟矣，何説「亨小」「初吉」？謂「柔得中」，指六二而言，何如？

《既濟》之尾，乃《未濟》之首，有儆戒無虞之意，故只可言小亨，有初無終，而以柔居中者，可以當之。

---

❶ 「三」，據《噬嗑》卦體疑當作「四」。

「資生」「資始」

資始於父，資生於母，所謂父天而母地也。

「夫《乾》，其静也專，其動也直。」「夫《坤》，其静也翕，其動也闢。」專、直、翕、闢如何？

此當以卦畫論卦畫。始生，惟《乾》之一奇，未有他物，此其體也，其專也已。而纔動則直，遂而生生不已。卦畫既生，《乾》之諸卦以次呈露，獨《坤》居後，包在《乾》諸卦之裹而猶未露，此其體也，其翕也，至其動也，則《坤》之諸卦始從《乾》諸卦裹開闢出來，遂分了《乾》之一半。

「元亨利貞。」程子以元爲物之始，亨爲物之長。《文言》曰「元者，善之長」。恐亨不可以言長。

此乃春生夏長之長，非首善之長。

「修辭立其誠。」若如是，只是修飾言辭，却是做僞，立誠自修辭中來，如何？

修辭，謂字字必有體當，一字不苟下。遣辭出語所以如是之不苟者，乃欲立自家之誠，體當吾心之實理，非是要人稱説好也。要人稱説好，是巧飾之辭，是爲自欺，與此正相反。要知此只是存誠之誠，非是便説至誠。

《屯》卦獨六二、六四、上六説「乘馬班如」，未曉其義。若初九與九五，陽爻固不必疑，三亦陰爻也，義何爲而異？豈三居《震》極，有動而躁進之義？二四與上，皆以陰居陰位，故難進以亨屯耶？所有「班如」之象？❶

當《屯》之時，陽剛可濟《屯》，若陰柔，則不能上進，以故皆有「乘馬班如」之象，乃處《屯》之道，故皆無悔吝。若三，既是陰柔，不中不正，又無正應，處《震》體而居上，有躁進之心，故其象必陷於林中，安得「班如」耶？此卦六三爻最不好。

《需》卦六四「出自穴」，上六「入於穴」。所以爲出入者，何如？

二爻皆陷於險，故有穴象。四始雖陷而終出穴者，以柔順得正。當需之時，不好競進，故雖需而不得其地，而可拯以出，不爲害也。上當出險而知入穴者，以爲當需之極暗弱，不能少待，故反入於穴，然亦好進之禍，乃是爲諸陽所逼，非意之來，故復有不速客之象，雖入於穴而未害也。大抵需以不進爲得，好進爲凶。

《比》之六三「比之匪人」，謂所比非人爲可傷也。而《否》卦則曰「否之匪人」。

上、下不交而天下無邦，則國非其國矣。謂之「匪人」，言不成人道也。或疑三字衍，文自《比》卦誤來，蓋《象

---

❶ 「所有」，元刻本、明刻本作「所以有」。

傳》不正解故也。此卦傳匪字爲文。

《比》之九五：「凡言正中者，其處正得中也，《比》與《隨》是也。言中正者，得中與正也，《訟》與《需》是也。」《比》、《隨》二五，皆處正而得中，《訟》、《需》二得中而不正，五得中而且正，故伊川發此。

「繼善成性。」「繼」與「成」字如何？

凡物之生，先有理而後有氣。善，當作理看。此性謂氣質之性。道即太極也。太極才動，首先撤出者便是理，故以繼善言。隨太極之後，次漸成就者即爲性。成則有形質矣。孟子説性善是第一義，從他繼之者；諸子説不善是第二義，從他成之者。

「數往者順，知來者逆。」今按圖而攷，自《震》而《乾》，自《巽》而《坤》，猶四時循環，而分逆、順，何也？

卦圖始生，只如横圖，自《乾》一至《坤》八，六十四卦皆用一倍法，兩兩生去，雖未生出，數可逆知，故曰「《易》，逆數也」。若交一轉過，而交爲圓圖，却從中間數去，不從《乾》一數，而從《震》四數，自《震》至《乾》，皆是得其已生之卦。卦本從《乾》生至《震》，今却從《震》數至《乾》，是數往也。既交《乾》後，自《巽》至《坤》，這一半是元生次序，仍是未生之卦，故言「知來者逆」，謂正合圖本生法，可逆數而知也。先生嘗曰：《易》有十義，看卦象、卦德、卦位、卦時、卦義、卦變，看爻比應承乘。

《乾》用九，《坤》用六。

老陽數在九，老陰數在六，少陽數在七，少陰數在八。八卦本生於四象，六、七、八、九之數皆具，但老者能變，少者不能變，故《易》用老而不用少，主於變也，六十四卦皆然。以《乾》《坤》純陰、純陽，故以此發之。

《履》卦辭有「履虎尾」之象，蓋指六三爲履主，而指九四爲虎尾，觀六三之爻可見。至九四爻，則又有履虎尾，九四《乾》下，固尾，五乃《乾》中，亦爲虎尾，可乎？ 切謂尾，固有躡而進之之義，亦有正履之義，恐亦是四爲虎尾，特所履有二義耳。

卦辭之「虎尾」，主九四言，其正體也。爻辭之「虎尾」，主九五言，其變體也。九四既爲虎尾，豈可自言履？使正履之言於九五，可也。伊川履分兩義，多疑惑人，晦翁所以一般看。但卦爲正體，爻多變體，所以爲《易》不可執。

伊川謂《艮》之道，當艮其背，所見在前，而背乃背之，止於所不可見，而無欲以亂其心。是毋乃有近於絶外誘乎？ 夫不見可欲，使心不亂；見可欲，則此心如何？ 愚意「艮其背，不獲其身」，是不迎物於將來，所謂静亦定也。

竊詳伊川止於所不見之地。止，謂未與物接之初，内欲不萌，雖有耳、目、口、鼻，而有不見其身、忘我之説，非是欲絶外誘，使之不見，但其語有類《老子》「不見可欲」之説，《本義》所以定背爲止，謂一身之間，惟背常止而不動。「艮其背」，非謂止於所不見，乃止於所止而止也。「行其庭，不見其人」，則行而止也。來説静亦定，動亦定者，得之。

《無妄》之六二曰「不耕穫，不菑畬」。無所覬於終，則無所營於始，爻之義也。然事有當爲，不可無覬端之人，以不望穫而不耕，以不望畬而不菑，則是反有以廢天下之事，毋乃不可。

伊川大意只謂不爲穫而耕，不爲畬而菑。凡有所爲而爲者，皆計利之私心，即妄也。但經文中不如此下語，故《易傳》中頗費言語。始謂「不耕而穫，不菑而畬」，謂不首造其事，則似以耕、菑爲私意；中謂「耕則必有穫，菑則必有畬」，非心造意作，則以耕、獲、菑、畬，皆非私意；終謂「既耕則必有穫，既菑則必成畬，非必以穫、畬之富而爲」，則又似穫、畬爲私意。三説不免自相牴牾，所以《本義》但據經文，直説謂無耕、穫、菑、畬之私心。蓋農夫治田，都無計利之私心，當無妄之時，皆不可有此意想，如農夫之耕穫，則於經文甚直，無繚繞之礙。

「六爻之動，三極之道也。」

上二畫爲陰陽，中二畫爲仁義，下二畫爲剛柔，其變動不居之體，乃是太極之理。

晦翁嘗説：知崇禮卑，效天法地。以爲此之取類，以清濁而言。不知以清濁而言，知、禮如何？

知以虚明爲用，屬陽屬天，皆言其輕清也。禮以形氣爲質，屬陰屬地，言其重濁也。

「修辭立其誠。」是修辭了，又著立誠，還是修辭立其誠？

一事苟，則事事皆苟。先聖説此話，非是修飾言辭，要人説好，只要欲體當自家之誠意，辭語纔不精擇，即心裏潦草可知。

《坤》之上六「龍戰於野」。坤，陰物也，疑不得稱龍。豈非陰盛則化爲陽也？古者人臣之盛，各有敵其君者，如王與馬共天下，其是類歟？

來説得之。

《大壯》卦多説羊。羊是《兑》之屬，不知如何看。《説卦》「《兑》爲羊」之説如何？

「《兑》爲羊」，古人取象義不可知，但其卦一陰在上，類羊角然。

《睽》之初九云「喪馬，勿逐，自復」。陽性上進，有馬之象，因何而喪，後來因何「勿逐，自復」？

陽欲上進而無應與，❶欲進不可，是喪馬也。然當《睽》之時，雖無正應，而同舟遇風，則二陽必同而相應，是「勿逐」而「自復」也。

諸卦有孚之義，皆主卦體中實中虛而言。《比》之初六，陰爻在下，何以曰「有孚盈缶」？

此爻最難消詳，當反轉看，有缶之象焉。四陰在上，有中虛之象，初反居上，無缶口，有盈滿之象。

《大過》何以取喻於棟？

二陰夾四陽在中，中隆起而兩頭垂，有屋之象，其中二陽有棟之象。

水在木上，何以謂之「井」？

謂木入水而上水，汲水於井之象，如釣桶之類。

「天下有山」，何以爲《遯》？

天上行而山下止，有違去不相親近之意。

❶ 「無應」，元刻本、明刻本作「應無」。

「雷電」何以謂之《噬嗑》?

電之閃鑠,有人口開闔之象。

《否》之六二「包承,小人吉」,伊川謂承順乎上,求濟其否,爲身之利,小人之吉。楊龜山則以夫子之見南子,爲聖人包承小人。何也?

此爻只合作小人看。當《否》之時,居中用事,乃卦之主,但其質柔順而居中,正乃小人之忠厚善承君子者,故在小人分上,不害爲吉,大人如是,則可羞矣。

《乾·文言》:「乾元者,始而亨者也;利貞者,性情也。」敢問其旨。

始言元亨,情言利,性言貞。此猶以四時言四德。言既有春爲萬物之始,則至夏必亨通條達,秋則成熟而致利,天地萬物之情見矣,冬則歸根復命,貞固斂藏,則天地萬物之性正也。既有貞固之性,遇春則發生矣。

《賁》之《彖》論人文則曰「文明以止」,論天文而不言其所謂文。王弼註曰「剛柔交錯而成文」。不知其所謂「剛柔」者,抑上文所謂「剛柔」耶? 愚意上文之所謂「剛柔」者,以上、下二體而言,恐非所謂天之文也。

此作缺文看亦得,只就上文認亦得。柔來文剛,剛上文柔,剛柔相錯,只此便是自然之天文。剛柔交錯,即日月代明，非天文而何？

「成之者性」，與天命之性，同乎？否乎？

成之者，以氣質言也。命之者，以氣稟言也。大略相近。

「無咎」者，善補過之辭也。《乾》，聖人之事，九三、九四皆以「無咎」言之，豈聖人庸有過之可補乎？爻義有不足處，有當垂戒處，故各係以「無咎」之辭，豈拘聖人與凡人？《易》之爲《易》，謂變易不拘，聖人即作聖人用，凡人即作凡人用，若《乾》卦只斷作聖人，則六十四卦只斷作六十四人，却是死了，何名爲《易》？

知崇，天也，形而上也，通晝夜而知崇矣。知及之而不以禮性之，非已有也。故知禮成性而道義出，如天地位而《易》行。其義何如？

《易》言知崇，即《中庸》尊德性、致廣大、極高明底事。《易》言禮卑，即《中庸》道問學、盡精微、道中庸底事。知雖崇而禮則卑，方不流於清虛，而有執守依憑之實地。

知崇，天也，形而上也，止非已有也，故知禮成性而道義出，如天地位而《易》行。何如？

智欲高明，故崇如天；禮欲執守，故卑如地。若一向務高明而不事著實，則窮賾索幽，有釋老玄虛之病。須是約之以禮，二者相合成性，則道義之出無窮，猶天地設位而《易》行乎其中也。若有知而無禮，是有天而無地，《易》何自而行哉？

「窮理盡性以至於命」處如何？

語學明理之後，方能擴充以盡其性，到盡性田地，方是了當爲人之理，方於本來賦予自家底無少虧欠，乃聖人極至之事，毫髮無遺憾，必如是而後與天無間，故曰「以至於命」。蓋到此地位，自己便做天命了，更不須別説知命、立命。

「能説諸心，能研諸慮。」晦菴先生解云：説諸心者，心内理會《乾》之事也；研諸慮者，理内慮審《坤》之事也。未説《乾》《坤》之義如何。

《乾》，陽明之用，故見理快；《坤》，柔順之體，故見理遲。此章專説《乾》《坤》兩句，分配當然。

木鍾集卷五

宋陳埴撰

書

堯舜之聖，至於來鳳皇，舞百獸，而乃有「百姓不親」等語。堯舜之世，豈無小人？但君子多而小人少耳。自古觀否泰只如此，幾曾盡無小人？

舜能使瞽瞍之不格姦，而不能化商均之不肖，何哉？

不格姦，亦謂能感動其慈愛之心至於和豫，使父子如初耳，非謂能移其氣性，使作聖賢。

《書》曰：「成湯既没，太甲元年。」《孟子》曰：「湯崩，太丁未立，外丙二年，仲壬四年。」先儒謂太丁未立而卒，外丙方年二歲，仲壬方年四歲，幼主不可立，則不得不以太甲繼湯。及攷《史記》，乃以外丙立二年，仲壬立四年，則是湯崩之年，更七年而太甲始立，與經文何不相合？

二説互有矛盾，《集註》已備言之，止云「未詳孰是」。竊意從《書序》之説，於《孟子》《史記》有礙其勢，不得不轉「年」爲「歲」。享年之數稱年，序齒之數稱歲。程先生從《序》，故轉二年、四年之「年」爲「歲」，從《孟子》《史記》則《書序》失實，第居憂三年，又不知爲誰憂耶？所以「未詳孰是」。其中又一説，切詳《孟子》所以言「外丙二年，仲壬四年」者，乃是謂伊尹曾相此二君來，不然舉此二君何爲？果如此説，即居憂爲仲壬也。

伊尹放太甲，周公攝政，事亦相類。當時不疑伊尹而疑周公，豈世變然耶？

伊尹以義正君，其義光明，人人信得。及周公以恩睦親心，其忠愛懇惻，間隙易開。兼伊尹聖之任，視世間一切難事，一擔擔了，不管人言。周公思兼三王，百事周密詳細，須盡物情，所以人或不敢言，或敢言。要之伊尹如秋冬肅殺，周公則太和元氣，人之疑不疑，聖賢所不計。

成王得吉卜而營洛，何爲終居鎬京？逮平王東遷，周室自此衰微，然則周公陰陽龜卜吉凶之説，殆誣也歟？

周公卜洛，乃是營行宮。鎬京與洛陽雖爲兩地，不出王畿千里。先史謂鎬京八百里，洛陽六百里，通成方千里。《周禮》經制備密，文勝前世，皆此類。若興王之數，營洛之初已自有説，正不以形勢爲固。

《周禮》司刑掌法，以二千五百之屬，均其數於五刑，至穆王之用刑，乃有五刑之屬三千，何也？法制隨時刊定，常自疏而之密，一似淳熙申明，便與乾道申明不同，此却不是死執物。

《堯典》仲春、仲夏、仲秋、仲冬，與《月令》四仲昏、旦中星不同，何故？

謂之中星者，當南方之正、直午位之中者也。然星隨天西轉，無刻不有中星，但其法以初昏爲候，故《堯典》之所指即謂昏中也。其以星鳥言者，是以四象言也，其以星火言者，是以二十八宿言也。要皆不出於二十八宿，四分之則爲四象，十二分則爲十二辰耳。然《堯典》但提其大綱，若曆家則轉加密矣。故《月令》析爲十二，《三統》析爲二十四氣，且兼旦中而言，則愈析愈密，固不厭析也。蓋周天三百六十五度四分度之一，四分其度而得一，謂零散數也。其一晝夜左旋一周天而又奇一度，置周不數而獨數其奇，故謂星日行一度，若甲日某星初度中，即乙日某星二度中，日有三百六十六，即中星亦有三百六十六，必星官以玉衡窺之，毫釐不差，斯可以定節氣而成四時。若《三統》分二十四氣，在曆家且爾，況《月令》《堯典》乎？古今曆法不同，大抵較疏密耳。

四凶之惡，堯不誅之而舜誅之，何也？謂四凶在堯時惡未著，如驩兜薦共工一事，肆其欺罔，罪安所逃？然堯不誅之，何耶？

驩兜因問而舉，未是欺罔，但堯自照破群情耳。所以照破而復容之者，猶明鑑在此，雖妍醜洞照，亦須待物來方可，不曾持鑑索照。蓋索物而照之，即非廓然之公，物來順應矣。又曰：所謂取之而燕民悦則取之，舜是也；取之而燕民不悦則勿取，堯是也。

古者道德同，風俗一，雖蠻貊猶且向化，如何却有不率化之蠻夷居於中國，如魯之徐戎？中土凡山谷愈險之地，即有小戎種落居之，猶今之蠻徭然。蓋古以封建治天下，疆理其大界，其土地之未開闢者，處處有之，其後種落漸繁，不安巢穴，則木拔道通，漸芟夷之矣。

《書序》：堯曰「聰明」，繼之曰「欽明」。聰明以天德言，欽明以人德言。雖是堯舜性之，亦不廢兢業寅畏。聖人大德敦化，小德川流。

舜七旬有苗格，高宗三年始克鬼方，文王伐崇，因壘而降，宣王伐玁狁，至興六月之師。舜、文戰德，高、宣戰義。

后夔「典樂」四語，與皐陶「九德」，旨意如何？胄子之性未免或偏，聖人因其性而教之，所以矯其偏而歸之中。若皐陶所言「九德」，乃其德之已成，寬而又栗，柔而又立者然也。然上面四德已包下面九德，而九德之目，又推廣上面四德言之耳。

大禹誓師，不及誅賞；而啓之誓師，已有用命、不用命之賞罰。

誥誓不及五帝，盟詛不及三王，交質不及五霸。《夏書》渾渾，《商書》灝灝，《周書》噩噩，皆世變使然。

天子有征無戰，啓與有扈乃戰於甘之野，至羲和湎淫，又在有扈之後，乃曰「胤往征之」。

有扈之不臣，如驕子之失於慈母，蓋孕育唐虞大化中，真嬰兒視啓，故至於言「戰」。羲和之罪，如脱慈母而畏嚴師，蓋今日之仲康，非復前日太康之比，故以「征」言。用兵難易，故措辭不同。

群飲，可赦也。成王曰：「予其殺。」夫群飲而至於死，雖秦皇、漢武無是法也。而成王有是言，豈三代容有是法？

《酒誥》之書，爲殷民作，是酒池肉林，遺惡猶在，所謂亂國用重典也。東坡説此甚詳。

禹征苗而班師，與東征之役如何？

唐虞之道直以大，故以揖遜終焉，處處是揖遜意。商周之道直以簡，所以弔伐興焉，處處是弔伐意。帝國戰德，王國戰義，亦是此意。

堯聞舜聰明，而猶歷試之，何邪？

爲天下得人，當使天下盡知之。蓋天下者，乃天下之天下，當以天下之心爲心。

以《禹貢》九州之次，攷禹治水次第，豈其道里之使然耶？要必有説。冀爲帝都，自帝都而左旋，北而東，東而南，南而西，西而北。此紀事之法，非施功次第。

《禹貢》既分天下爲九州，又分爲五服，莫是分州爲貢賦設，建服爲諸侯朝見設？

古以封建治天下，分州以爲經，分服以爲緯，每州爲二百一十國，有方伯連帥以統之，此其經也。至其朝也，則不論州而論服，若各隨道里遠近爲疏數之限，因四方而分四時，此其緯也。經緯之分錯，所以相持而法難壞。

穆王作贖刑，有罪皆得贖罪，毋乃富者之幸邪？

五刑之疑，降爲五罰，五罰之疑，方爲贖法，非謂有罪可贖。

商之代夏，去唐虞未遠，而湯之得民，不聞有誥諭之勤。至周之代商，自后稷、公劉至於文、武、成王之世，商民未愜周化，尚勤諸《書》之訓，而世變風移，僅見於三紀之後，其遺風猶未殄，何耶？

三代子孫，惟商多賢君，故其德意在人，久而未忘，雖王澤既斬之後，猶有一線之微在也。

《禹貢》賦法如何?

九等賦法,不是概以此取民,只是將諸州所管之賦,比較其高下如此,猶今日某路管幾賦一般。若是各以一等取民,則一州之廣,其田豈無肥瘠,如何一律輸賦?便有不均之患。

東萊曰:「方伯專征,只是四夷入邊,臣子簒殺,不容待報,其他如九伐之法,司馬所職,非諸侯所專也。」

昔文王爲殷西伯而伐黎,還是待報否?

竊意湯征葛,文王征黎,皆弔伐之始,事不待有王命。文王煞用兵,伐諸侯,但不用於紂耳。是時天下濁亂,不復有王命,《采薇》詩序以天子之命命將帥,此臆度之辭,不足憑也。

羲和以湎淫廢職,何至移以六師?

但看史臣序事,首以「酒荒于邑」之語,其事已明。至胤侯始説其罪,則曰「沉亂于酒」,「畔官離次」,「遐棄厥司」,「荒于厥邑」。只此四語,則羲和罪狀明白可見。蓋羲和世掌天文,職在王朝,一旦擅棄官守,遠歸私邑,沉湎潰亂,雖日食而罔聞知,此必朝會不至,召命不行,非勤六師則無以正其罪。若止在朝列而淫酒廢職,一有司行法耳。惟其畔官離次,淫荒于厥邑,有若負固不服之諸侯,加以天變不知,揆諸政典,自有必殺無赦之罪,所以致勤六師也。「殲厥渠魁,脅從罔治」,此乃誓師戒殺常語。

土地廣輪，只有許多。虞夏之世，宇内「東漸于海，西被于流沙，朔南暨聲教，訖于四海」。舜嘗至蒼梧，禹亦至會稽。見得當時禹迹徧天下，大約已盡入職方矣。周公雖曰斥大土宇，亦不過開闢邠岐以西，何故夏五服以五千里，周九服起自洛陽土中？想夏制起自河内，未知然否。

閩廣號百粤之地，至秦始皇方開闢爲郡。虞夏之迹，決不至此。禹跡曾至會稽，猶可言也。若蒼梧以爲舜所葬，此必無之理。舜既禪位於禹，何緣復自巡狩至于南蠻之地，且葬于此？後人以《書》有「陟方乃死」一語而傅會之，不知「陟方」即升遐上仙之異名耳。

夏五服，周六服，《周官》九服，見於經者如此，漸開漸廣，更復何説？觀《禹貢》説「朔南暨聲教」一句，可見止及其所可及耳，然聲教則無遠不被，雖蠻貊之邦行矣，故云「訖于四海」。

木鐘集卷六

宋陳埴撰

詩

《詩》之比、興、賦。

大率興詩如《關雎》之詩是。蓋二句托物，二句言事，辭實相對立而意不比，是之謂興。比詩不言事，只取物之親切者詠之，如《螽斯》之詩是。賦詩或直言事，或感物，意非比、興者是，如《卷耳》之詩，晦翁所解者也。然比詩亦有言物而復言事者，又不可以例觀也。大約賦詩有兼比者，興詩亦有兼比者，如《麟趾》之詩，前二句是興，後一句「于嗟麟兮」之類乃是比，他可類推。若是後去，詩有十二句，上下成一章者，只看起初辭意，以別三體。《詩傳》之例，凡說「興而比」者，謂上文是興體，下文是比體，若《南有喬木》之類是。他一章中自分比、興，非謂比中含興，興中含比。若興中含比者，乃興而有比義，如《關雎》《鵲巢》之類，雖則含比，只可斷以興。比中含興者，乃比而不實，如《白華》之類。半比半興，悉斷之比，則前後有此例者，更觀玩。

《凱風》前兩章，皆以「凱風自南」起詞。《詩傳》以首章爲比，而又以次章爲興。不知一物六義，《詩》中曾有此體否？

三虚一實，非興体。兩語虚起，兩句實應，此興體也。

古人毛馬而用之，故《詩》曰「乘乘黄」「乘乘鴇」。然《秦風》之「騏駵是中，騧驪是驂」，則驂馬、服馬一乘四色，豈秦獨異於中國耶？

朝祭之車謂之毛馬，馬則齊其色；戎獵之車謂之物馬，馬則齊其足與力。戎馬齊其力，田馬齊其足。

止齋謂檜亡爲東周之始，曹亡爲《春秋》之終，乃以爲聖人係曹、檜之詩於「國風」之末，即其思周道、思治之語，爲傷無王無伯之驗。愚謂周之東遷，豈專關於一檜之亡？而《春秋》之終，豈專係於一曹之亡？止齋之言，是歟？非歟？

《詩序》出於漢儒，不可憑據。《春秋》傷無伯之説，亦是説者之談。聖人作《春秋》，決不解主張伯道。以《詩序》證《春秋》，自是船上繫帆。但止齋之言，意謂當無王無伯之時，唯小國滅亡最先，故小國思患最切，是以聖人繫《詩》、作《春秋》，每於小國觀世變，非謂由此二國致禍也。

說詩。

比類多説物，不見説事。上兩句意未盡，發下兩句，正所謂一倡三歎，一人獨唱而三人備和之，如《麟之趾》

之類。

《生民》詩「履帝武敏歆」。或以爲帝嚳之行，或以爲蹈巨人之跡。巨人跡，據《詩》辭，直是有如此。天地間事有非耳目所常見聞者甚多，不可信耳目而小天地。

《關雎》，王化之基，遷《史》乃謂周道衰，詩人本之實行衽席而《關雎》作。《鹿鳴》，《小雅》之盛，遷《史》亦謂「仁義陵遲，《鹿鳴》刺焉」。何謂也？

四始之詩，不應以亂世之作冠於「風」「雅」之首。今但玩其詩，刺體邪？美體邪？古今説者，皆説《詩》之辭，不足憑據，惟有《詩》文可據。從甲説則《詩》文爲近，從乙説則《詩》文爲遠，從甲可也。此説《詩》之法，亦斷按之法。

木鐘集卷七

宋陳埴撰

周禮

《周禮》鄭注云：「凡府、史，皆官長所自辟除。胥、徒，民所給徭役者。」不知幾時代邪，又不知俸禄何取給耶。

府、史，即庶人之在官者，有代耕之禄。既自辟除，即無限年，任事則存留，否則黜去。然古人府、史多世守，此無明據，意如此耳。胥、徒，即民之給徭役者。鄉大夫自辟。《均人》：豐年公旬用二日，無年旬用一日。古注改「旬」爲「均」，非也。繇役則無禄。

《宫伯》云「若邦有大事，作宫衆則令之」，竊意此特宫中儆備耳。注以爲「或選當行」。周制，爪士，王不出，尚不行，況士庶子之宿衛王宫者哉？然國子亦自有從戎事者。彼蓋諸子所掌，非宫伯所掌。未知如何。

《諸子》職云：「若國有兵甲之事，則帥國子而致諸子，唯所用之。」正謂此也。大事，謂兵甲之事。作，謂調發起太子，無境外之事，止謂居守耳。國子在學，則隸於大司樂，在宮則隸於宮伯，在兵則隸於諸子。

成周鄉大夫皆世禄，獨上、中、下士以大比之賢能處之，官職有限，仕進無窮，如何安頓？

王朝公卿、大夫、元士，雖不多員數，六鄉六遂，有多少官人吏？除其長外，率是下士、中士爲之，多至二萬人。古者鄉舉里選，不患無缺，只患無人耳。所謂「使民興賢，出使長之，使民興能，入使治之」，正謂入鄉遂中，仕爲比閭之長，是時決無待缺耳。

天子曰萬乘，諸侯曰千乘。天子曰六軍，大國不過三軍，此定制也。然攷司徒卒伍之制，而約之，《司馬法》不能無疑。《司馬法》曰：兵車一乘，甲士三人，步卒七十二人。則是一乘者，七十五人之所容也。約而計之，則三兩之數也，四乘則三卒之數也，百乘則三師之所合也，五百乘則三軍之所合也。積至於千乘，則六軍聚焉。是六軍之數，適足以容千乘。以天子之六軍言之，則不足於萬乘；以諸侯之千乘言之，則不應有六軍。

卒伍法與丘甸法異。卒伍家出一人，自五人之伍，積而至萬二千五百人爲軍，即比、閭、族、黨、州、鄉之民也，六鄉實有此家數，即六軍實有此兵籍。若夫丘甸之法，合五百十二家，六十四井之家。共出甲士三人，步卒七十二人，是謂一乘。乃七家出一人，是六鄉之家，悉可以爲卒，而不盡調以爲兵。兵籍雖具於六軍，而調發止從丘乘法。一是兵籍全數，一是調發抽數，不可合看。

大司徒既掌邦教，典樂又掌教，何耶？

司徒掌邦教，所以教天下之萬民。《周禮》有十二教之施是也。典樂成均之法，所以教王朝之子弟，《周禮》所謂「中、和、祇、庸、孝、友」「興、道、諷、誦、言、語」是也。其在司徒者，則謂之鄉學；在典樂者，則謂之國學。

《周官》師氏掌内朝，司士掌治朝，朝士掌外朝。三官分隷三卿，分掌三朝，其制明矣。而《文王世子》記外朝之政，則曰司士爲之。何不同也？

太僕掌内朝，司士掌治朝，朝士掌外朝。師氏近臣，掌伺察王之動静，而以媺事告詔人主，此項官屬最切君德，非掌朝儀也。自太僕所掌燕朝爲内朝，即司士所掌治朝爲外朝，《文王世子》所言是也。自朝士所掌治朝爲外朝，即司士所掌治朝又爲内朝，《玉藻》所言「以日視朝于内朝」是也。

王之卿六命，公侯之卿三命，子男之卿再命。其命掌於典命，則天子之命也。及攷《王制》，則次國一卿命於其君，小國二卿命於其君。意者夏、商之制然歟？

此當以《王制》兼攷，《典命》但言其命數，不言合命幾人。周制侯國之臣以達於天子爲寵，故惟大國之卿得皆命於天子，以次各有隆殺，如齊本侯爵，惟高、國二卿得命于天子，管仲雖秉權，不過齊卿，且不敢當天子命卿之禮，曰「有天子之二守國、高在位」。晉使鞏伯獻捷于周，周人以禮讓之曰：「不使命卿鎮撫王家，而鞏伯實來，未有職司于王室。」則雖齊、晉之卿，皆不得命于天子。信《王制》所言爲周制。

《大司徒》曰：「制天下之地征。」又曰：「以令地貢。」地貢，即九貢之所貢，明矣。若地征，豈即太宰九賦之所征乎？

地征，總言貢賦。下云「以作民職」，即九職是；「以令地貢」，即九貢是；「以斂財賦」，即九賦是。九貢爲邦國之貢，自是分明。但九職、九賦，先儒分作兩項賦税，竊疑不然。按經但言「以九職任萬民」，此又言「以作民職」，即不言是賦税。若九賦，即曰以「斂財賄」，此又曰「以斂財賦」，則所謂財賦者，止九賦耳。蓋九職，乃其窠名，財賦所從出者；九賦，乃將九職之所入，畫項塡管，以待九式之用。其賦之之法，則如《載師》所言，或十一，或十二，或二十而一，或二十而五。如此攷論，則脉絡貫串矣。

《泉府》：「凡民之貸者，以國服爲之息。」蓋民用不足，上之人不與，則無以濟其用；與之不取息，則無以裨有司出入之耗費。但《周禮》所載入息之數，先儒謂貸萬錢者，期出息五百。意者不過二十而取一耳。鄭司農謂從官借本賈，而以其所賈之國貨物爲息。竊謂周家使民，各以其所服國事貢物爲息，農以粟，工以器，不取民以所無也。苟如司農貸民本賈之説，則是上下相率交征利之意。王林解謂《泉府》所言國之財用，凡以賒貸之息供之。竊謂市廛之征布，本以供王膳服，周家却掌之泉府，不妨以此項財與民間通融。其所謂國之財用，蓋自取具於市廛之征布耳，豈仰給於息錢乎？惟其昧先王之意，是以王莽舉是制行於漢，王荆公舉是制行於本朝，反爲天下禍。未審《周官》之法意如何。「以國服爲之息。」「國服」字他無證，二鄭以意説之。大鄭謂以物爲息，隨其國之所貨。其論甚通恕，而無多寡之準，後人無可依據。小鄭謂以錢爲息，隨其國之服事而定其準，即《載師》「國宅無征，園廛二十而一」以下等級之數，如此則多寡方有準耳。誠如小鄭所言，則周之貸民有息者，有二十而一者，有什一者，有二十而三者，最重者不過十之二。青苗取息二分，是以周法至重者爲準。又周法以期而計，青苗則春、秋兩度斂散，却成四分取息。又周法止是貸民不足，其予之也，必有司辨之，不敢輕予，恐其有非理之用，青苗則家賦户斂，招誘之不來則抑配繼之，然則貸民之與聚斂，其意霄壤矣。韓魏公辨此最詳。來問錯認大鄭意，王氏曲説不在論。

井田以九起數，《匠人》則言「九夫爲井」，而《遂人》乃云「十夫有溝」。不知如何推筭。溝洫之法，以十起數；井田之法，以九起數。鄉遂用貢法，十夫有溝，遂人是也；都鄙用助法，八家同井，匠人是也。先儒之説如此，與《孟子》合，「請野九一而助，國中什一使自賦」。近世諸儒皆欲混而同之，殊不可曉。

井田溝洫之法。

按《遂人》云：「百夫有洫」，「十夫有溝」。溝，即不見得包溝、洫在内，若是在内，當云百夫、十夫之間矣。

《匠人》溝洫却在内，故皆以「間」言。方十里者，以開方法計之，爲九百夫；方百里者，以開方法計之，爲九萬夫。凡看經，當以正經大字謹謹附旁，若恣意曲説，何有了期？《遂人》《匠人》兩處溝洫，分明各是一法，一以十起數，一以九起數。既有一夫地爲梗，積而上之，這許多地何以附着？無緣消化渾合得他。諸儒才見鄭氏説，便謂注疏迂儒，不知其説本之《孟子》。《孟子》：「請野九一而助，國中什一使自賦。」晦翁總其説，謂鄉遂用貢法，十夫有溝；都鄙是助法，八家同井。其言簡而盡矣，但不知其必分二法者何故。竊意鄉遂之地，在近郊、遠郊之間，六軍之所從出，必是平原廣野，可畫爲萬夫之田，有溝有洫，又有途路，方員可以如圖。蓋萬夫之地，所占不多，以井田一同法約之，止有九分之一，故經以徑法攤筭，逐一見其子數。若都鄙之地，謂之甸、稍、縣、都，乃公卿大夫之采地，包山林陵麓在内，難用溝洫法整齊分畫，故逐處畫爲井田，雖有溝洫，不能如圖，故但言在其間，其地綿亘，一同之地爲萬夫者九，故經以方法總筭，但止言其母數。以子數折之，一同計九萬夫。

蓋溝洫之法，成於萬夫；井田之法，成於一同；相去不啻倍蓰。不知後儒何故必欲合之。苟謂周公制法，不應三般兩様，此誠淺學紙上陳言。古人制國，四方八面，多少法度，豈一個井田字了得他？只如井田，既有溝洫法，又有比伍法，又有丘甸法。丘甸則以四起數，比伍則以五起數，縱横羅絡，參錯夾持，如犬牙相制，所以其法可以支久，縱壞得一處，更有他處在，不似後世籠統，壞時一齊便壞，倒時一齊便倒。恐古人意思如此，更講明之。

成周雖有井田法，又有比伍、丘甸法，今人概曰井田，何耶？

鄉遂之法，溝洫以授田，貢以制賦，比伍以調兵。攷之《遂人》云「夫間有遂，遂上有徑」，至「萬夫有川，川上有路」，此溝洫之法也，而以什一貢法制賦。至調兵之法，攷之《小司徒》云「五人爲伍」至「五師爲軍」，又云「凡起徒役，毋過家一人」，則是一家出一夫，一鄉出一軍，此比伍之法也。都鄙之法，井田以授田，助以制賦，丘乘以調兵。攷之《小司徒》云「九夫爲井」至「四縣爲都」，此井田之法也，而以九一助法制邦賦。至調兵之法，攷之《司馬法》云：甸方八里，實六十四井出兵車一乘，甲士三人，步卒七十二人，馬四匹，牛十二頭。此丘乘之法也。溝洫長連畫去，井田方方積去。溝洫以十起數，井田以九起數。丘乘以田數起兵，比伍以家數起兵。大約丘乘法是七家出一人，比伍法是一家出一人。只緣都鄙兵有征戍事，故用民少；鄉遂兵止衛王畿，不調發，故用民多。要之鄉遂雖重而實輕，都鄙雖輕而實重。近世諸儒，乃欲合溝洫、井田爲一法，殊不知「請野九一而助，國中什一使自賦」，孟子已分作兩去，何可合得？

成周鄉學、國學之異。

古者公卿貴賤之分明而不相亂，士庶之途異而不相雜。國學則專以教公卿大夫之子弟，而國之小學則在王宫之左，太學在郊；鄉學則專以教萬民之子弟，而鄉之小學則家有塾，黨有庠，大學則遂有序。國學則掌於大司樂，而大胥、小胥皆其屬，教法則有樂語、樂德、樂舞之凡。鄉學則掌於鄉大夫，而州長、黨正、族師皆其屬，教法則有六德、六行、六藝之目。國學之選用，則大胥、小胥先簡不率教者，以告于大樂正，樂正乃論其秀者以告于王，而定其論。論定，然後官之。則論於王朝者，即爲王朝之官，所謂「適士」是也。鄉學之選用，則族師月讀法，黨正季讀法，州長歲讀法，而進退之，鄉大夫簡不率教者以告于司徒，而後司徒興其賢者、能者以禮賓之，而獻其書于王，曰選士。《鄉大夫》曰：「此謂使民興賢，出使長之，使民興能，入使治之。」則興于鄉者，往往即爲鄉遂之吏，如比長、閭胥之中士、下士是也。自始學以至于入仕，聖人之所以别異於鄉學、國學者甚嚴矣。雖然，教法均欲其成才耳，成才均欲其用耳。國子之成才，既使之進于王朝之顯仕矣，而鄉民之秀傑者，其可終抑之以爲鄉之小吏乎？蓋三代世臣之法，先貴而後賤，先親而後疏。國之子弟，吾固不可使之出而與鄉民伍，而鄉民之不願仕于鄉者，聖人又有選用仕進之法，一與國子等，内不失之輕國子，外不失之棄鄉民。成周學校之善，豈不於斯可見？

《周官》六鄉之吏，舉一鄉言之，比長計二千五百人，閭胥計五百人；合六鄉言之，比長下士共一萬五千人，閭胥中士共三千人。不知《周官》三百六十，如何有許多中士、下士？

成周之官有二，有王朝之官，有鄉遂之吏。王朝之官，其職有三百六十，其官有三百八十四人。據《周禮》公卿大夫加一倍法。鄉遂之吏，只比長下士，共萬五千人，閭胥中士，共三千人，而六遂之吏不與焉，非必升於王朝、論於司馬而後官之也。何以言之？王朝官出於國學，六鄉之吏出於鄉學。國學以教公卿大夫士之子弟，其學官之長，則爲大司樂，其屬則大胥、小胥，簡其不帥教，則告于大樂正，大樂正論其秀者，以告于王而官之司馬，曰進士。鄉學以教萬民之子弟，其學官之長則爲鄉大夫，其屬則州長、黨正之類，亦必簡其不率教，以告于大司徒，而後司徒賓興其賢者、能者，獻于王，曰選士。故自國學出者，皆仕于王朝之官，所謂適士、元士也，其禄視附庸之國。若夫自鄉學出者，官爲六鄉之吏，即《周官》所謂「使民興賢，出使長之；使民興能，入使治之」是也。所謂出長，是因其德行可以爲長，則使自五家之比出而爲二十五家之長，是爲閭胥，以長其民。入治者，是因其才能，可以治事，則使還入五家之内，是爲比長，以治其事。閭胥、比長，其位皆係庶士，其禄與庶人在官者同，止足代耕，其禮之優，僅免鄉之徭役，而猶未免司徒之征。由此觀之，則王朝之士爲命士，六鄉之中士、下士乃不命之士。《典命》有不命之士。蓋其教養、論選、仕進之法，本自不同故也。雖然，六鄉之賢能，豈終不得仕進於王朝邪？方其升於王朝之時，若不願仕於六鄉，則自司徒而徑升於國學，曰俊士。按《王制》，然後論選仕進之法，一與國子弟等。是則六鄉之民，進可官於王朝，退可官於鄉遂，未成者猶得養之於學，無成者不失爲受田之民。成周之時，鄉遂之民所以多髦士者，其道蓋出諸此。

天官冢宰，與王論道官也。雖酒漿、財用、會計等事，皆領於天官之屬，莫是又使冢宰兼有司之事否？

冢宰，專一節制人主，若財計，若酒漿之類，雖各有司存，但有司不可與人主較可否，冢宰上行三公事，凡有司所不可較者，冢宰可談笑而道之，乃是格君心之大者，不待事已出而有司紛争之。聞止齋説。

「士田在近郊。」近郊只五十里。一官自有八十來士，如何將五十里郊了得許多士禄？又不知自士以上，田永爲己業，罷任則或歸之官？

士不受田。所謂「士田」者，以此田之入供士之禄也。下士視上農，謂之代耕之禄，即不受田可知。《王制》除封國外，「其餘以禄士」，即士田也。所謂近郊五十里者，謂去王城五十里外，四面皆近郊，六鄉在其中，不知幾田幾里。

《周官》設女巫氏。女巫非宫中所宜置也。漢文尚除其制，孰謂周公爲之乎？女曰巫，男曰覡。古人既有禱禳之事，與其旋求於外，不若預設於内，既屬之於王官，又統之以冢宰，即與後世妖巫異也。

古者用民三日。《周禮·均人》：「豐年則公旬用三日，中年公旬用二日，無年則公旬用一日。」與《王制》不同。意者歲不過三日，恐是力征，非服戎之事君。❶服戎之事，則不止三日。未知是否。三日，法之常；視豐凶者，行法之權。只三日力役之征，聖人猶愛惜民力如此，兵事以一歲爲更，不在此限。

成周取民之制，不過什一，然攷之當時，豈但什一？或二十而一，或二十而五，或無過什二，何若是之不同耶？説者謂周人重務本而抑末利，故若是之不同。使果重本而抑末，則止可以言漆林之征，其餘又不

❶「君」，疑當作「若」，屬下。

可以例論。

什一之法，止行於井田、溝洫，鄉遂謂十夫有溝，乃十而賦一。都鄙用助法，八家同井，乃十而賦一。其他如廛里之賦，宅田、土田、賈田之賦，官田、牛田、賞田、牧田之賦，與夫甸、稍、縣、都，又見於《載師》所言，差等不同者，疑皆不在井田、溝洫之數，只攷《載師》自見。

公侯百里，伯七十里，子男五十里，《王制》之言爲然，而《孟子》言班爵禄亦然，至《周禮·大司徒》言公五百里，侯四百里，至子男，皆悉倍於《王制》。《孟子》之所論説者，謂《周禮》併附庸而言。使併附庸而言，然《王制》論諸侯之附庸，亦不與分地之數。姑以公地觀之，未有公地居其一，而附庸乃居其四也。《周禮》與《孟子》實不同。《孟子》是商制，《王制》亦是商制。《周禮》乃成周制。成周制作，百度皆别，封國增廣，無可疑者。今惡其異而必曲説以合之，縱饒如何巧説，終無可合之理。

《周官》刑罰慶賞，相及相共，頗類商鞅相收相連之法。説者以爲有《關雎》《麟趾》之意，而後可以行《周官》之法度。是固然。然後世不能皆文、武、周公，則此等刑法多是流入一切中來。不知周公立法之初，亦嘗慮及此否？

比伍法當與井地、溝洫相持，其授田時，或八家而同井，或十夫而同溝，已自出入相友，守望相助，疾病相扶持，則是相保、相愛、相友、相共之意，已自見於授田之時矣，可以比伍而無法乎？今既無井田、溝洫，只有保伍法孤單在此，所以少恩也。

出使長之，入使治之。

出五家之比而爲二十五家之長，或出二十五家之閭而爲百家之長，是之謂出長。本五家之中居，仍舊入作五家之官，本二十五家之中居，仍舊入作二十五家之官，是之謂入治。此是鄉學出身，即使就鄉學中作吏。此鄉舉里選之法也。

大宗伯之職：春祠、夏禴、秋嘗、冬烝，此四時之祭也。而釋獻饋食，四時祭中皆有之。鄭氏別此爲祫爲禘，不知其説何據。

宗廟之祭，除四時祭外，大祭只有祫與禘。《周禮》既冠釋獻饋食于四時祭之上，即爲祫禘可知。鄭氏亦以文勢推之，本無可證。

周制，鄉三老即三公，則六卿之大夫，即六官之卿分攝之耳。然《春秋》世婦，每宮卿二人，六宮則十二卿也。此豈六官之卿分攝邪？

每宮卿二人，疑是卿領二宮。《周禮》官制用倍法，卿只是六人，掌六典者，此六卿也。此是以一卿兼領諸司，所謂「官聯」者是，非攝也。程《傳》謂每宮卿十二人，即三夫人、九嬪，共十二人。

《鹽人》掌鹽之政令。然三代無摧鹽法，不知當時如何措置？《天官》酒漿、醯醢之類，皆主王之膳羞。聖人以道制欲，凡男女飲食之奉，使冢宰節制，行於其中，乃格心之大者，非可以後之政令言。

周家朝聘制度，大約諸侯親見於王有六禮，朝、覲、宗、遇、會、同是也；諸侯使其臣見於王有二禮，聘、覜是也；王朝臣下交諸侯有四禮，間問、歸脤、賀慶、致襘是也。概見於經者如此。但《小行人》曰：「存、覜、省、聘、問，臣之禮也。」不知諸侯使其臣如王所有此五禮，即聘、覜之禮明矣。鄭《行人》注謂「間問」即存、省之屬，則存、省、問三禮未辨其何所據。

諸侯自身行禮者有六，朝、覲、宗、遇、會、同；使其臣行禮者有五，存、覜、省、聘、問。五禮中或言聘，恐其總耳。故大宗伯復云：「時聘曰問，殷覜曰視。」則問、視者，疑即存、省、問之總名也。王之撫諸侯，亦有存、覜、省之禮，蓋上下不嫌同名耳。

《大司徒》：「不易之地家百畝，一易之地家二百畝，再易之地家三百畝。」至《遂人》則曰：上地田百畝，萊五十畝；中地田百畝，萊百畝；下地田百畝，萊二百畝。《大司徒》何以言「易」，《遂人》何以言「萊」？「易」之與「萊」，世儒多言，地力薄者，休一歲爲萊，至明年而易種，是爲中地一易；其甚薄者，休二歲爲萊，至後年而易種，是爲下地再易。是固然矣，但盡使休百畝、二百畝之田而爲草萊之地，則萊者地力益薄，而其後施功愈難。今人耕地，則無收一年。古人所謂易與萊，不如是其拙也。按漢趙過爲代田，代即古法之所謂易也。其法一畝分而爲三甽，廣尺，深尺，古言濬畎澮距川，即種苗之水地也。而播種於三甽中，歲代處，故曰代田。代處，謂畝闊六尺，三尺爲甽，則三尺爲隴，甽與隴相間。若今種薑一法然。今年此爲甽而彼爲隴，明年此爲隴而彼爲甽，每歲更易其甽以播種，則常得生地而地力完。及苗既滋長，則稍耨隴草，因隤其土以附苗根，比盛暑則隴盛而根深，可耐風與旱，故能以薄地而倍收，此趙過代田之法也。趙過自言即古田法，古稱南畝，皆向南而分甽；東畝，謂皆向東而分甽。可見《周官》之所謂易與萊者，不過更代而分甽、隴，一易則間一隴而爲甽，再易則間二隴而爲甽，種疏則結實倍。古人治地，能以惡爲肥，爲有此法也。然既言易，復言萊者，以其受田倍於上地，嫌於得粟之多，有不均之患，故名其田曰萊者，以明其得粟不過與上地等，雖曰倍給其田，而其休而爲隴者，皆無用之萊地耳。《大司徒》之造都鄙，即《遂人》之治野，《司徒》舉其凡，《遂人》詳其目耳。

周之軍賦，起於丘乘，其法止於五百十二家出甲士三人、步卒七十二人、牛十二頭、馬四疋而已。不知軍糧之費，亦出於丘甸中如何。

《刑法志》云：「稅以足食，賦以足兵。」食只取什一之稅，但古人處處有委積之儲，必不餽糧於千里之外。

周軍賦，齊内政，晉被廬，魯丘甲、田賦，其制異同如何？

軍賦之法，四井爲邑，四邑爲丘，四丘爲甸，甸五百十二家出甲士三人、步卒七十二人、牛十二頭、馬四疋，是爲一乘。此丘甸出軍賦法，乃五百十二家共出許多賦，大約七家合出一兵，所謂民皆可爲兵而不盡爲兵也。内政，自五家之軌而至於十連之鄉，大約周比閭之法，自五人之伍而至於二千五百人之師，大約寓兵於農之意。但家出一兵，與丘甸之法異，此强國之丘也。丘甲，謂一丘之夫便使出甲士。周以五百十二家出甲士三人，魯乃以百二十八家出甲士，與古大異矣。田賦，謂計田而出賦，如一夫一井之田便使出軍賦，不復如丘甸法，又甚於丘甲矣。陳止齋謂田賦亦家出一兵。

夏一夫受田五十畝，每夫計五畝之入爲貢。商一夫受田七十畝，同助公田。取民之制相去不遠，而授田之法三代不同。竊意古時民稀，其後日以漸多，而授田之法反倍於古，借曰土地日以開闢，亦豈能遽倍於古之時耶？

生齒蕃庶，則土地開闢，只看《皇矣》之詩，周之先公興於豳，則向之荆棘莽榛，今皆爲人民都會。天地生許多民物，便有許多土地，所以到周時，事事增多於前，如封國與《王制》不同，亦斥大疆土之故。

大司樂固是教國子學官，而鄉遂之學，獨不散見於《周官》，何耶？

自鄉大夫而下，至比長，此鄉學之官。遂率此。

其教養升黜之法，則月終而比者百家，至三年大比，則合萬二千五百家，而陞黜矣。

廩人、倉人，皆掌九穀，出入皆不聞會計，何也？

歲終則會，百司庶府皆然。既有司會之官在，百司庶府不必盡言可也。

「九職任萬民。」自三農而下，八者皆無事於耕，信然，則成周盛時，農之家一，食粟之家九，況虞衡藪牧百工商賈，各又設爲之職，安在於駈而緣南畝哉？

《食貨志》云：「工商亦受田，五口乃當農夫一人。」均是王民，彼獨不受田，又無代耕之粟，一人必不然。《載師》有士田、賈田之類，可見民不盡耕不爲害，不均之害大。

井田。

方里爲井，井十爲通，通十爲成，成方十里，成十爲終，終十爲同，同方百里。以十起數，此井田結甲納税法。制禄之法，皆以是計，如天子田方千里，公侯田方百里，伯七十里，子男五十里，其法皆以方計，筭數具於《王制》。要知此只計户口輸税，計户口食禄，筭法合如此積起，非是地段方正，一如紙上之圖。

同地萬井。

四井爲邑，四邑爲丘，四丘爲甸。以四起數，此丘乘法。合六十四井，計五百十二家，通出甲士三人、步卒七十二人、牛十二頭、戎馬四疋、兵車一乘，是謂乘馬之法，以供軍賦。故百乘之家，則合六千四百井，而通出百乘之兵賦；千乘之國，則合六萬四千井，而通出千乘之兵賦；萬乘之國，則合六十四萬井，而通出萬乘之兵賦。「税以足食，賦以足兵。」起數既别，當作兩項看。

木鐘集卷八

宋陳埴撰

禮記

《王制》封國辨

古者封國之法，計田而不計地。蓋自天子至於五等諸侯，無非計民田之實，而食其租賦，猶後世封邑，計户口而食之，故《王制》自天子之千里，而至於子男五十里，皆言田而不言地，此最爲識古制者。大率田可計而地不可計。古者井九百畝爲一里，故凡謂之方一里者，皆九百畝之田，而八家之租賦也。夫封國之里與分服之里，二者爲法不同。封國之所謂里者，乃田里之里；分服之所謂里者，乃道里之里。田里之里，其法以方而計，即井方一里是也。道里之里，其法以袤而言，如二十五家爲一里之類是也。此無丈數，姑約此大端明之。後儒攷之不詳，往往混二者而無所分别，至謂天下之地圖皆可以開方法計之，如夏之五服，則面方五千里，而開方則爲二十五千里；如周之六服，則面方七千里，而開方則爲四十九千里。不知分服之法，計道里之遠近，而爲朝貢之節；猶今之路程。封國之法，計田里之多寡，而爲賦禄之制，豈可同日語耶？今併指爲田里之里，而以開方法乘之，則九州之内，江淮、河漢、山陵、林麓、城郭、溝池、宫室、塗巷，廣袤綿亘，繽紛交錯，何可以實計邪？既不可以實計，由是創爲三分去一之説，而封國之制皆然。審如此，則平原廣野與夫山澤險阻之地，例以三分去一之説約之，則必有不均之患。且制禄食租，無可計之實，而姑爲茫昧之約，此豈經界既正，均田制禄之道？故後儒之失，大抵失於以三分去一之説而論田，以積實開方之法而論路。如《王制》以田而定封是矣，而復仍用三分去一之説；言九州之地圖是矣，而復仍用方三千里之説。此攷之不精，殆紙上之陳言，故不得不辨。

《王制》建學法。

古者公卿大夫之子弟以至萬民之子，生八歲而入小學，教之以幼儀之事，十有五歲而入大學，教之以成人之事，此大、小學之所由建也。其謂之國學者，則以教公卿大夫士之子弟，即大、小學之立於國中者。其謂之鄉學者，則以教萬民之子弟，即大、小學之立於鄉遂者。其國學之制，則小學在王宫南之左，大學在郊是也。準諸侯之制。其鄉學之制，則所謂家有塾，黨有庠者，小學也；遂有序者，大學也。其學官之職，則國學掌於大樂正，而大胥、小胥以下，其屬也；鄉學掌於鄉大夫，而州長、黨正以下，其屬也。其教掌之法，在國學則樂德、樂語、樂舞，其凡也；在鄉學則六德、六行、六藝，其目也。其論選之法，在國學則小胥、大胥先簡不帥教者，以告于大樂正，大樂正乃論其秀者，以告于王而官之司馬，曰進士是也；在鄉學則鄉大夫先簡不帥教者，以告于司徒，司徒興其賢者、能者，以禮賓之，而獻其書于王，曰選士是也。其仕進之法，則自國學出者，往往爲王朝之官，所謂適士是也；其自鄉學出者，大抵爲鄉遂之吏，所謂庶士是也。蓋古者貴賤之分明，世家與編氓，不無貴賤之分，故自少而别異之，而其仕進亦不容無二途。然則士之起於編氓者，其終不得仕於王朝乎？蓋編氓之仕進，又固有二途也。自鄉學而升於司徒，則謂之選士，是已命爲士矣，然由是而仕者，不過於鄉遂之吏，其位之卑，則但曰庶士，其禄之薄，則但曰代耕，其禮之優，則僅免鄉之徭役，而司徒之征則不能免也。故其願仕乎此者，上之人不强也。何者？六鄉、六遂之吏，自比長而至於閭胥，鄰長而至於里宰，不啻以萬計，安能悉官於司馬而禄之？亦不過就補其民之秀異者，而均之以代耕之禄。其大者稍出於部伍而爲之長，其小者還入於部伍而治其事，正《鄉大夫》所謂「使民興賢，出使長之；使民興能，入使治之」是也。如其不願仕於此者，則自司徒而復升之於國學，曰俊士，然後論選仕進之法，一與國子弟等。此其所以謂之二途也。

「别子爲祖，繼别爲宗，繼禰者爲小宗。」古立法之意如何？

宗法爲諸子之庶子設，恐其後流派寖多，姓氏紛錯，易至殽亂，故於源頭有大宗以統之，則人同知尊祖，分派處有小宗以統之，則人各知敬禰。且如始封之君，其適子襲封，則庶子爲大夫，大夫不得以禰諸侯，故自别爲大夫之祖，是謂「别子爲祖」也。别子之適子，則爲大宗，使繼其祖之所自出，從此直下，適子世爲大宗，合族同宗之，是謂「繼别爲宗」也。别子之庶子，又不得以禰别子，却待其子繼之，而自别爲禰，繼禰者遂爲小宗。凡小宗之適子，服屬未盡，常爲小宗。凡小宗之庶子，又别爲禰，而其適子又各爲小宗，兄弟同宗之，謂「繼禰爲小宗」是也。大宗是始祖正派，下雖其後支分派别，皆同宗此祖，則合族皆服齊衰九月，初不以親屬近遠論，是爲百世不遷之宗。小宗是禰正派，下親盡則絶，如繼禰者，親兄弟宗之，爲之服期；繼祖者，則從兄弟宗之，爲之服大功；繼曾祖者，再從兄弟宗之，爲之服小功；繼高祖者，三從兄弟宗之，爲之服緦。自此以後代常遷一代，是爲五世則遷之宗。宗法之立，嫡長之尊，有君道焉。大宗所以統其宗族，凡合族中有大事，當禀大宗而後行。小宗所以統其兄弟，如同禰者有大事，則同禰之兄弟，當禀繼禰之小宗而後行。一族之中，大宗只是一人，小宗儘多，故一人之身，從下數至始祖，大宗惟一，數至高祖，小宗則四，此古者宗族人情相親，人倫不亂，豈非明嫡庶之分，有君臣之義，由大宗、小宗之法而然歟？

三昭三穆，與太祖之廟而七，此天子七廟之制也。然「有虞氏祖顓帝而宗堯」，則有虞之時，無以備七廟之數者，何耶？「周人祖文王而宗武王」，世皆有是言矣，而詩人又曰「皇皇后帝，皇祖后稷」者，何耶？唐虞官天下，必不能備七世之廟，但當堯、舜時，亦須上推其祖考，蓋皆出帝者之裔，不似後世崛起，必有可推者，但今不得而詳耳。始封之君爲太祖，稷、契是也。既以稷、契爲太祖，萬世之下不可祧。即成湯、文王、武王，雖始興之王，不可亦稱太祖，故以宗稱之。廟祖、太祖不祧，所謂「祖有功而宗有德」。

「嚴父莫大於配天。」必如周公郊祀后稷以配天、宗祀文王於明堂以配上帝方可？先賢疑《孝經》非古書，此類是。郊祀配天爲嚴父，非謂達孝。周公居攝，止爲行禮，不可言周公嚴父，兼主成王而行，則當以武王爲配。若武王時事，則周公未嘗居攝，不當稱周公。

「日在北陸而藏冰，西陸朝覿而出之。」按《月令》，孟冬日在尾，仲冬在斗，季冬在女。斗、牛、女、虚、危、室、壁，正直亥、子、丑，乃北陸也。孟春在室，仲春在奎，季春在胃，奎、婁、胃、昴、畢、觜、參，正直申、酉、戌，乃西陸也。日月右行，故自北而西，夏則南，秋則東，此説已不可易。然《月令》在尾、在斗云者，特其大約耳，亦有先時者，亦有後時者，不必二月也。今開冰必於四之日，抑《左傳》之説，亦姑以西陸而名仲春耶？抑日至北陸即開冰，或先時則於三月之首，姑以四之日言耶？

當以《詩》與《月令》爲按，不當背《詩》而牽合於《左氏》。北陸、西陸之説，於天文家恐未合，自角至箕，爲東方之宿，自斗至壁，爲北方之宿，自奎至參，爲西方之宿，自井至軫，爲南方之宿，日之所在謂之宿可也，而謂之陸，有冬至日行南陸，夏至日行北陸之嫌。蓋以日行而言，則可謂之陸；以日在而言，則止謂之宿。語不的確，曰不指實，故《集註》不取。

「大明生於東，月生於西。」是陰陽之分如此。注曰：「日出東方而西行，月出西方而東行。」不知月東行之説如何。

日月皆自東而西。「月生於西」者，乃是月落於西，但人以所見新月自西，故以「月生於西」言之。月生既以西言，則是初二、三後，漸自西而東，直至望日則在東，亦皆以人所見爲言耳，其實皆自東而西也。

三代忠、質、文之尚，以經攷之，止言虞夏之質不勝其文，殷周之文不勝其質而已。自董仲舒始有三代忠、質、文之説，太史公又改「質」爲「敬」，當以何爲據？

質者，文之對。以周爲文，則視殷爲質矣。然既謂之質，則已是與文對待，是猶有文了，但視周則較質耳。若夏則全然無文，故質不足以名之，而謂之忠，則一向白直之稱。此古今風氣之間，大勢之趍，相因之變如此，非是定一代之尚。漢儒所尚之説未然，其易「質」爲「敬」者，亦謂其禮主乎敬而文不足。《記》曰：「與其敬不足而禮有餘，不若禮不足而敬有餘。」又曰：「至敬無文。」則敬者，亦質之稱。

周制有升之鄉、升之學以取天下之俊秀，有升之司徒、升之天子以取國子之俊秀。然公卿大夫，皆子弟繼世爲之，獨一太公以草莽致位公卿，乃制度未定之時，亦不知升之學者，爲何等任用耶？

鄉學教萬民，至升之司徒而止。《周禮》獻賢能之書，登之天府可攷。其俊造之士，不從司徒調官鄉遂者，則復升之國學，大樂正即《周禮》大司樂。教之。其法視國子，學成則獻之天子，司馬官之。竊意升於國學，官於司馬者，皆入仕於王朝，同國子之選，不可以鄉學萬民例論。若夫伊、傅、太公之舉，豈在學校選舉之數？又有甚制度定否耶？

《曲禮》言：「父讐弗共戴天，兄弟讎不反兵，交遊讎不同國。」至《調人》，則有導人使辟之言。如何？

調人，職在和難，謂過誤殺人者，與和之而使辟。若不共戴天之讎，非過誤殺傷之比。

《王制》所以紀三代王者之制，而每兼以虞制，何也？周立四代之禮樂。

商人尚白。《湯誥》中有「敢用玄牡」一句，玄是黑色。爾時猶是夏，諸侯用夏禮也。夏尚黑。

「仲尼祖述堯、舜，憲章文、武，上律天時，下襲水土。」晦翁謂兼内外，該本末。「祖述」者，道法在其中。「憲章」者，法道在其内。「律天時」者，大則顯晦屈伸，小則服食寢處。「襲水土」者，大則坎止流行，小則採山釣水。細底道理爲本爲内，粗底道理爲末爲外。

《王制》以上大夫爲卿，即《左傳》惟卿爲大夫之意。至於序侯國卿大夫之次，乃復有卿與上大夫之别，何耶？

以大夫爲卿，只謂侯國耳，若王朝，則公之下有卿，卿之下有大夫。侯國降於王朝，故以上大夫爲卿，至大夫之中，又自分上、下也。

哀公問政，孔子曰：「爲政在人，取人以身，修身以道，修道以仁。」此一節是取人必先修身也。後又曰：「故君子不可以不修身，思修身不可以不事親，思事親不可以不知人。」此一節是修身在知人之後也。相反何故？

自取人而修身，由外而反内。自修身而知人，由内而達外。兩「人」字所主不同，上主文武之人，下主尊賢之人。此章自「仁者，人也」以下，又别起義，「不可不事親」以下，乃旁通，非分前後。

《儒行》果夫子之言否？然其辭似有夸大其君之意，豈夫子欲伸其道，而猶不免於夸大耶？

才讀《論語》，便自見得氣象大小、滋味醇漓迥别。

「還相爲宫」之法。

蓋五音之中，黄鍾爲宫。宫，君也。故黄鍾管最長，聲最重濁，其他聲皆不得過之。至於太蔟以下，林鍾、大吕等律爲宫，則必有餘聲過於宫者，豈免於奪倫之患？元來杜佑《通典》中自有減半聲法，則必無餘聲過宫之患。此乃蔡季通能明之。宋朝樂不用黄鍾爲宫，蓋嫌黄鍾宫聲重濁，而尚輕清，故以下生不去，正是絃急聲絶，惟是黄鍾聲重濁，所以次第生得許多聲去。

宫爲黄鍾，聲爲律，既皆八十一矣，今林鍾六六三十六，徵乃五十四，太蔟八八六十四，商又七十二，何不相合？

此自是筭不著。以九分之寸約之，九寸爲八十一分，六寸爲五十四分，八寸爲七十二分，與五聲之數正相合。必以九約之方可，不可自相乘也。

「知至而后意誠。」程子又謂格物窮理，但立誠意以格之。

程門此類甚多，如致知須用敬，亦是。先侵了正心誠意地位，不是於格物致知之先，更有一級工夫在上，只是欲立个主人翁耳，但常得此心存在，物可從此格，知可從此致。此程子所以言格物窮理，但立誠意以格之。

《大學或問》曰：「致知窮理，但立誠意以格之。」又曰：「入道莫如敬。」愚以爲誠意工夫，乃在格物致知之後。今乃云先立誠意，始去格物，毋乃反經意歟？若以爲敬者，聖學成始成終之事，則「誠意」一節，於八者當無不該，則不當復次於八者之中。經中乃格物而后誠意，不能無疑。

誠、敬二字，貫通動静始末，安有格物致知時，誠意不存？曰我且理會格物致知，當此之時，不知所格者何物，所致者何知。要之欲格物時，且理會此二字爲第一義，自然欲住不得，所格所致方有主人。不然皆妄，到得知至之後，所知之理皆實，則誠敬至此時節，方始事事皆實，氣候既至，合下縝密工夫。故「誠意」之章係「知至」之下，雖是次第如此，又須知其爲一書之關隘、衆條之樞紐方可。

《大學》之道，自格物、致知、誠意做來，則理已無不明，善無不實，以此泛應運用，宜其曲當，而無毫釐之失可論，何緣於「忿懥」「好樂」，遂有「不得其正」者？至於「親愛」「賤惡」之僻，此猶淺近，似非所以論明理之學者。借曰毫厘之差，千里之繆，然則何取於格物致知之功邪？

此時只是隨事警覺明善，涵養工夫已見於格物致知時。所謂知、止、定、静、安，是格物致知時貌象，至正心修身時，須用檢點省察，然後中節，乃是「慮而後能得」。蓋雖是定、静、安，不慮却不能得。自昔聖賢檢身工夫，何有已時？

自格物至於治國、平天下，固是有次第，若説道做此一件工夫都盡了，方可做那一件，則心未正、身未修時，有家也都掉了，從頭到尾，幾時做得盡？

方格物時，世間道理一時都在稱量中，雖履其事，亦是學習到工夫成熟後，方逐一升堂入室，正履其位，是時方是止於至善。

「知止而後有定。」工夫既在知止，則能慮處，莫是又著加思慮工夫否？

稱雖具在，到秤時，須權輕重。尺雖已定，到量時，須度長短。

「天命之謂性，率性之謂道」，莫便是周子《太極》中二五之精妙合而凝，至萬事出矣。「修道之謂教」，莫便是聖人定之以中正仁義，而主静立人極處？

若就大化上看，即無極而太極，天命之性也。動而陽，静而陰，分而爲五行，化而爲萬物，率性之道也。然只就天地五行上看，則如來語。

「道不可以須臾離」，如何？

道只是當行底理。天下事事物物與自家一身，凡日用常行，那件不各有當行底道理？那曾一歇走離得？才離得，則物非物，事非事，吾身日用常行者，皆非是矣。故道即路之謂也。之燕之越，無非是路，才無路，便是荆棘草莽。聖人之道，只是眼前當然底，一時走離不得，後學求道，只就此上看，不用窈窈冥冥，探索深遠。如此爲道，皆日用而不知者也。

「君子之道費而隱，夫婦之愚不肖，可以與知而能行，及其至也，雖聖人有所不能知、不能行。」❶聖人既做不到頭，則此道之全體，豈終不可得而盡耶？

---

❶《中庸》原句作「君子之道費而隱，夫婦之愚可以與知焉，及其至也，雖聖人亦有所不知焉；夫婦之不肖，可以能行焉，及其至也，雖聖人亦有所不能焉」，只及「知」而未及「行」。

聖人盡性踐形，於道理上已無虧欠，但究極而言，一物不理，猶爲有虧；一事不知，猶爲有欠。道理匼匝無盡，聖人容有不到處。深言隱處無窮也。

《中庸》「費隱」一章，言聖人不能知、不能行，天下莫能載、莫能破。前輩多云此是至隱妙道，著人力不得。請併與「鳶飛」「魚躍」説來，因甚著人力不得？

此章言道體流行於天地事物之間，充塞太虛，彌滿六合，無一物而不有，無一事而不周，其用之廣如此，故曰「費」。然其所以然之故，則隱于事事物物之間，元不離乎事物，而不可便指事物以爲言，此太極之理也，故又謂之「隱」。是以聖人言其費用之廣，自其明白坦蕩者言之，則雖夫婦之愚不肖，皆可得而知，可得而行。自其纖悉極至者言之，雖聖人有所不能盡知，不能盡行，如夫子之問禮、問官名，是不能盡知，如堯舜以博濟安百姓爲病，是不能盡行，然又豈特聖人耶？天能覆而不能載，地能載而不能覆，或雨暘寒燠之失其時，或崩竭震蕩之不得其正，是天地之大，亦有所不能盡，故人猶有憾焉。夫自愚不肖之能知、能行，極而至於聖人天地之所不能盡，而是道乃無乎不在，其用可謂廣矣。是以君子語其大而天下莫能載者，是指天而言也。蓋至大而無外者，天也。天下果何物可以載之？是言其大之極也。語其小而天下莫能破者，是指毫髮而言也。蓋至小而無内者，毫髮也。天下又孰得而析破之？是言其小之極也。大極於天，小極於毫髮，而道無不在焉。是吾道中三大四至也。❶凡此，只是説道之「費」處，其體之「隱」，則在其中矣，故不言「隱」，非於「費」之外別有所謂「隱」也。使別有「隱」可見，有「隱」可言，則非體用一源，顯微無間，已不足爲道矣。子思猶懼人之不明也，復舉「鳶飛」「魚躍」事以實之，謂「鳶飛戾天」，是道之見於鳶也，使魚戾于天，則非道矣；「魚躍于淵」，是道之見於魚也，使鳶躍于淵，則非道矣。萬物之生，各一其性，上下之間，如此昭著，其用豈不甚廣邪？今世儒不察，却謂聖人不能知，不能行，天下大小之道莫能載，莫能破，是道之至者，是道之隱者，至玄至妙，更著人力不得。凡可知、可行、可載、可破，皆非道之極至。此玄妙空寂之談，非吾儒所謂道也。夫有道必有物，無物則無道。鳶之飛，即鳶之道；魚之躍，即魚之道。物各具一太極，物各具一性，所謂信手拈來，頭頭是道，瓦礫有瓦礫之道，稊稗有稊稗之道，莫非太極之流行發見者，又豈別有所謂至隱之道哉？凡捨物而言聖道之隱者，便不是道也。

「喜怒哀樂之未發謂之中」，則「中」在何處？「既發謂之和」，則「和」内有「中」否？既是未發，即渾然一理，更有甚處？才發便向落一邊去，雖中也，只喚作和。此問甚有理，是一件大事，不可孟浪説。

---

❶「三大」，元刻本作「一大」，明刻本作「一太」。

既發之和，莫便是時中否？

謂之時中亦可，今且認取「和」字。

發時有中節不中節之分，未發時還有分否？

既是未發，更有何物可分？但有渾然之理在中，不曾倚著耳。此爲有學問人言。若無學問人，未發時昏昏底耳，「中」亦何有？

未發之「中」，則「中」在中；已發之「中」，則「中」在事物。不知此只是一「中」，還亦有二義否？

不倚不偏，是説未發之中。無過不及，是中之在事物者，所謂時中也。「中」無二個，但有既發與未發耳。

明德新民之爲物，知止能得之爲事，其義如何？

物，猶人物之物。事，乃從事之事。就《大學》之書以類求之，如曰物、曰知、曰意、曰心、曰身、曰家國天下，皆物也；如曰格、曰誠、曰正、曰修、曰齊、治、平，皆事也。

「不睹不聞」，乃此心不動之境。既是不動，却又下戒謹恐懼工夫，莫是太著力否？太著力，則恐反動其心。何以謂之未發之中？

此處猛著力不得，才著力便是動了。雖不著力，然必有事焉方可。前輩謂敬貫動静，正謂此也。戒謹恐懼，却常惺惺法，不爾便白地倒了，否則空空死灰矣。此處如道家爐火養丹法，火冷則灰死，火炎則藥死。

《中庸》十四章言：素其位而無願乎其外。晦翁以張子「無天下國家皆非之理」尤爲切至。意亦與天下無不是底父母相似，雖處貧賤夷狄，皆有當爲底道理，亦不可怨天尤人底意思，未知然否？張子此語，爲正己不求於人言之。素其位而行，雖同章而意别。父母無不是，天下國家不能皆是，語正相反。

「天下國家可均也」，謂管、晏亦可做。愚恐管、晏人物，當不得一個「均」字去。一匡天下，糾合諸侯，正是一切强力，均天下國家事。

「君子之道四，丘未能一焉。」晦翁援此證聖人所不能之説。夫四者，乃聖人切身事，如前所援堯舜病博施之類，則聖人有不能處。若此四者，豈真有所不能耶？只此四者，才處得不恰好，皆未能盡道。前章説聖人不能，即謂此類，見成印證，不待遠求，如博施濟衆，豈真不能耶？或百中遺一，或千中遺十，亦聖人所病也，豈是都做不得？如是認則錯矣。

「忠恕違道不遠」至「勿施於人」一段，是忠恕之事未到仁者地位。横渠先生曰：以愛己之心愛人，則盡仁。夫謂忠恕爲近仁，則可謂之盡仁，可乎？若曰以愛己之心愛人，乃是人己合一，不待推廣，故可謂之盡仁，然與此地頭又自别。

此因恕而言仁耳。恕是求仁之事，推愛己之心以愛人，恕者之事也；以愛己之心愛人，仁者之事也。「忠恕違道不遠」，轉一過即仁矣。故横渠以仁言。

「惟天下至聖」言「溥博如天，淵泉如淵」，「惟天下至誠」言「淵淵其淵，浩浩其天」。何以異？

「如天」「如淵」，猶是二物；「其天」「其淵」，即聖人便是天淵。《中庸》説到此處至矣，盡矣，向上無去處了。一節深一節，不必分聖與誠。

君子「居易俟命」與《大易》「樂天知命」相似否？

「居易俟命」，學者事；「樂天知命」，聖人事。

「宫爲君，商爲臣，角爲民，徵爲事，羽爲物。」此固是定清濁而叙尊卑。然古人由是而觀政焉，則其嘿相感通處，必有其義，若只以清濁尊卑相當，則亦粗矣。

五聲含此象，必爾方調得律吕。不然，即有臣陵君，子過母，而謂之奪倫矣。此却不比漢儒附會效法之言，實有此事，毫髮不可差也。設或樂聲奪倫，即其國、君、臣、民、物，必有不盡分事，如州鳩、師曠，皆能以此知彼，正是樂與政通。

「宮爲君，商爲臣，角爲民，徵爲事，羽爲物」如何？

《國語》曰：「古之神瞽，攷中聲而量之以制，度律均鍾。」言以聲定律，以律均鍾。而五聲之本，生於黄鍾之律。黄鍾，上生者三分益一，下生者三分去一。十二律，黄鍾最尊，管長九寸，九九八十一分，爲宫；下生去一，得五十四，爲徵；又三分徵數，上生加一，得七十二，爲商；又三分商數，下生去一，得四十八，爲羽；又三分羽數，上生益一，得六十四，爲角。此五聲相生之次也。五聲惟宫最尊，宫屬土，絃最多，用八十一絲，有君之象，故宫爲君。商屬金，以其濁次於宫，絃用七十二絲，如臣能次於君之象，故商爲臣。角屬木，以其清濁中，絃用六十四絲，半清半濁，居宫、羽之中，有民之象，故角爲民。徵屬火，絃用五十四絲，其聲清，有事之象，有民而後有事，事劣於民，故徵次角。羽屬水，絃用四十八絲，其聲最清，有物之象，有事而後有物，物劣於事，故羽次徵。此五聲大小之次也。五聲大小之相次，固本於黄鍾爲宫。若五聲旋相爲宫，則十二律皆可爲宫，非特黄鍾爲宫而已。如應鍾爲宫，則大吕爲商，姑洗爲角，蕤賓爲徵，南吕爲羽，無不皆然。然當高者或下，當下者或高，而有奪倫之患，故立此五象以調之。宫必爲君，而不可下於臣；商必爲臣，而不可上於君。若民，若事，若物，皆當以次降殺，所以律中有以半聲相應者，蓋以其臣或過君，民或過臣，事或過民，物或過事，故不用正聲而用半聲以應之，此八者所以克諧而不相奪倫也。

角聲六十四，下生變宫四十二，餘九分之六。又三分益一，上生變徵五十六，餘九分之八。夫宫、商、角、徵、羽，取象於君、臣、民、事、物者，取其清濁高下以次降殺，而得其倫也。今變宫用四十二絲，而變徵却用五十六絲，清濁不倫，徵反重於宫，如何？

古來只用五聲，在旋宫則爲六十聲。後世以古樂聲太濁，不悦人聽，遂添二變聲，見《國語》。間在正聲之中，變宫四十二絲有奇，居羽之下；變徵五十六絲有奇，居角之下；增二變聲在旋宫，則爲八十四調，漢、唐樂皆用之。庶得兩清聲相間，故樂可聽。

《禮運》言「禮義以爲紀」，繼於「大道既隱」之後。不知大道之世，於「禮義」如何？

禮家謂太上之世貴德，其次方務施報於人，往來之説，故言大道爲公之時，不規規於禮義。禮義乃道德之衰、忠信之薄，大約出於莊老之遺言，非先聖之格言也。

《祭義》曰：「祭之日，樂與哀半。」《表記》曰：「祭極敬，不繼之以倦。」❶如何？

「樂與哀半」之「樂」，乃樂其親之來享，非在外之樂。《表記》之「樂」，則間其敬心矣。

---

❶ 「倦」，阮刻本《禮記注疏》作「樂」，據下文答語亦當作「樂」。

春夏産萬物而假大之也，而《月令》孟夏之月曰「靡草死」。秋冬斂萬物而退藏之也，而《月令》仲冬之月曰「芸草生」。

四時榮枯，雖有大分，然一物自爲榮枯，乃物性不齊，在大化中，亦使各正其性命，所以謂之大化，若物物而齊之，則化工小矣。

「地載神氣，神氣風霆，風霆流形，庶物露生。」

神氣，即二氣之神靈不測者，風霆是也。風霆流形于太空之中，所以鼓舞萬物者也，故萬物自之而露生。風霆，即土地山川之氣爲之，故屬地。

《王制》謂「衣服飲食不粥於市」，蓋衣服飲食日用不可闕，豈可不懋遷於市？古人制市，此物豈宜取之於市？市亦無粥之者。《攷工記》曰：「粵之無鎛也，夫人而能爲鎛也。」正此意。

律吕旋相爲宫，五聲分君、臣、民、事、物，是如何？

自黄鍾至應鍾，總謂十二律，而半爲陽律，半爲陰吕，此律吕之分也。宫爲君，商爲臣，角爲民，徵爲事，羽爲物，此五聲之序也。初有五聲耳。自十二律旋相爲宫，於是有六十聲矣。初有五聲之正聲，自宫之有增變宫，徵之有增變徵，於是有八十四調矣。律吕隔八生子，上生者三分益一，如林鍾生太簇，自六寸上生爲八寸也；下生者三分去一，如黄鍾生林鍾，自九寸下生爲六寸也。古史謂陽必下生，陰必上生，若拘此法，則十二月之律，無比次降殺之序，以之候氣，則氣不應矣；以之制樂，則樂不和矣。故鄭康成有重上生法，自黄鍾生至蕤賓，則陽反生上，陰反生下，六五而終矣。其比次降殺之序，可用以候氣，可用以制樂，乃天然之法，非巧筭所能爲者。且五聲之本，生於黄鍾，絲最多而聲最濁，則黄鍾固爲宫矣。若五聲旋相爲宫，則十二律皆可爲宫也，如大吕爲宫，則夾鍾爲商，仲吕爲角，夷則爲徵，無射爲羽，黄鍾爲變徵矣。十二律之回旋，固生生而不窮，若徒以正法相生，依正聲而用，則五音奪倫，君弱臣强矣，民尊臣卑矣，若事物一切奪倫而無統矣。故杜佑旋宫法於是有正聲焉，有子聲焉。正聲用其全，子聲用其半，庶幾五聲協比，無相奪倫也。如黄鍾爲宫，下六律以正聲應，凡五，惟變徵用子聲耳，以見黄鍾爲諸律之母，有大君之象。若他律爲宫，則下六律各不用正聲應，卒用子聲減半法相應，以見不敢正敵黄鍾，有隆殺之義焉。然黄鍾至尊，或反見役於他律者，蓋諸律當權用事，則黄鍾雖尊，亦當降下以相從，但不用正律耳。蓋正律非他律所可役使，止可役使子律耳，以見君有常尊也。然旋宫之法，正律亦用減半以應者，蓋宫常爲君，商常爲臣，角常爲民，徵常爲事，羽常爲物。子無過母之法，臣無高君之理。必用減半法以折之，則清濁高下以次相比，無奪倫之患，所謂金聲玉振，終始條理也。先儒不知此法，故律聲不諧，古樂遂廢。要之鄭康成之重上生，杜佑之減半法，真圓機之士，非紙上之空言也。

十二律上下相生法，何謂夫妻、子母？

黄鍾、太簇、姑洗、蕤賓、夷則、無射，此陽律也。大吕、夾鍾、仲吕、林鍾、南吕、應鍾，此陰吕也。律所生者常同位，吕所生者常異位，故曰律娶妻而吕生子也。六律六吕，十二時位焉，乾坤之六爻位焉。故子者，陽數之始也，黄鍾生焉，是爲乾之初九，至於六，陽盛於無射，則爲上九矣。未者，陰數之始也，林鍾生焉，是爲坤之初六，至於六，陰盛於仲吕，則爲上六矣。且黄鍾之初九，下生林鍾之初六，同是初位，是爲夫婦。林鍾之初六，上生太簇之九二，初與二異位，是爲母子。太簇之九二，下生南吕之六二，同是二位，是爲夫婦。南吕之六二，上生姑洗之九三，二與三異位，是爲母子。姑洗之九三，下生應鍾之六三，同是三位，是爲夫婦。應鍾之六三，上生蕤賓之九四，三與四異位，是爲母子。蕤賓之九四，下生大吕之六四，同是四位，是爲夫婦。大吕之六四，上生夷則之九五，四與五異位，是爲母子。夷則之九五，下生夾鍾之六五，同是五位，是爲夫婦。夾鍾之六五，上生無射之上九，五與上異位，是爲母子。無射之上九，下生仲吕之上六，同是上位，是爲夫婦。大率同位娶妻，隔八生子，上生者三分益一，下生者三分去一。古史謂陽必下生，陰必上生，若拘此法，則十二月之律，無比次降殺之序，以之候氣則不應，以之制樂則不和，故鄭康成有重上生法，自黄鍾生至蕤賓，陽反上生，陰反下生，五下六上，以序降殺，以之候氣則應，以之制樂則和，視古法爲有用之律矣。

「率性之謂道。」吕氏謂人受天地之衷以生，梏於形體，又爲私意小智所撓，故與天地不相似，而發不中節，必不失其所受於天者，然後爲道。晦翁云：程子之論率性，正是就私意、人欲未萌之處，指其自然而言。若吕氏所云，則所謂道者，又在修爲之後，而反由教而得之。竊意未率之初，既有此性，已具此道，吾特因而率之，則由性而之教者，皆道也。

「天命之謂性，率性之謂道。」此兩句是懸空説，未著人事在，至「修道之謂教」，方始謂人。率性，謂萬物之生，各有一性，如牛有牛之性，馬有馬之性，牛必穿鼻，馬必絡首，牛不可爲馬，馬不可爲牛者，各循其理之當然而不可易，是謂率性之道。先儒於此三句，只就人性起頭，或者不見天地大化，故其説性、説道、説教，皆不周普流通，此晦翁所以不取。

「率性之謂道。」

莊、老云串牛鼻、絡馬首，以爲聖人皆遏其性而不出於人性之自然。伊川曰：「這意思真見得率性道理，牛鼻不可不串，馬首不可不絡，以牛之首而絡得乎？以馬之鼻而串得乎？亦因其性而率之，斯謂之道。陰有陰之性，陽有陽之性，五行二氣亦各有性，至於魚之性則順乎水，鳥之性則順乎山，各有其性，夫道若大路然。」又云：「人率循其人之性，物率循其物之性，萬有不同，各一其性，而不相假借，此即人、物各有當行道理，故謂之道。」此只懸空説在，不要作聖人安行順理説。如牛必穿鼻，馬必絡首，各有所率之性，各有當行之道，豈只是聖人事？未説到聖人在。

「天命之謂性。」

天命流行，付與萬物，人得之而爲人之性，物得之而爲物之性。此兼義理氣禀而説性，不露芒角。而夫子、孟子、諸子之言性，盡在其中矣。

程子曰：「中，所以狀性之體段，猶天之圓、地之方也，故謂天圓地方則可，謂方圓足以盡天地，則不可。」晦翁謂喜怒哀樂未發，則性也。愚意亦謂性與中一物耳。自天之所命，則謂之性；自四者之未發，則謂之中。若如程子所論，豈謂性是虚物，中是著實些個？其不同或在此？

四者未發，當此境界，即是人生而静處，故晦翁指此爲性。蓋發則爲情，非以中爲性也。中，只是狀其未發之時體段，如此若便以中爲性，則是稱圓爲天，稱方爲地，而可乎？

「不偏之謂中，不易之謂庸。中者，天下之正道；庸者，天下之定理。」然惟中，故可常，常處便是中，終非兩端物事。

理會得時，萬理總是一理；未理會得時，萬理各是一理。今日方理會未好，滾合説混沌話，❶中不可爲不易，庸不可爲不偏。界截條限，逐一商量。

❶「滚」，元刻本、明刻本作「衮」。

「不覩不聞。」晦翁謂喜怒哀樂未發之初，至静之時也。當至静之時，不知戒懼之心何處著落？此問最精。前輩於此境界最難下言語。既是未發，才著工夫，便是發了，所以只説戒謹恐懼。蓋雖是未發之初，體已含具萬用在此，不比禪家寂如空如，所以惺惺，主人常在冥漠中照管，都不曾放下了。蓋雖是持守體段，却不露痕跡。

當不覩不聞而戒懼。愚謂如鑑之照物，當不照時，光自常存，不可欺以妍醜，上蔡惺惺法者，豈謂此乎？若如此説，則是他自常存了，何用戒謹恐懼？道理固自常在，但人須用提撕照管，不可謂目無覩，耳無聞，一齊都放下也。若釋氏之地，則一齊都放下，空空底，没些事。吾儒政不如此，須當此地常自惺惺地也，此地又太著力不得，著工夫自知。

不覩不聞，若無恐懼，則是槁木死灰，全無知覺。此心既無知覺，到得發時，却是外面更生一道理也。《中庸》大意雖不在是，然説持養話頭，認此意如何？便是此話頭執著不得，才説知覺持養，即成已發，雖必有事，而不可正其心。此際如灰裏養火，冷灰中煖火自在，不宜撥著，才撥著則見火矣。

「君子之道費而隱。」且説道理費處，已該一「隱」字意，下面又添一個「隱」字來，還是再有「隱」道理否？形而上者爲道，形而下者爲器。道即器，器即道，何用分上下？程先生曰：「須著如此説，此語要人理會，理會得時，即是一物。」

「致中和」一段。《章句》云：「自戒懼而約之，則極其中而天地位；自謹獨而精之，則極其和而萬物育。」愚意戒懼謹獨時，中、和未判，混然一理。未審戒懼何爲致中工夫，謹獨何爲致和工夫？動息有養，此《中庸》精密工夫。戒謹於不聞不覩之時，此即未發時工夫。謹獨於隱微之時，此即既發時工夫。若曰致中，除戒懼一條，何以見其致處？若曰致和，除謹獨一條，又何以爲致？血脉相承如此。此「致」之一字，最是工處。

「君子和而不流，中立而不倚。」和與物同，何疑於流？中立無所依，又何疑於倚？中立者，四邊虚，剛立不住，易得求倚，惟强有力者，不假倚，自然中立。

「鳶飛」「魚躍」一章。程子謂：「必有事焉而勿正心之意同。」鳶飛、魚躍，是道體流行顯見，偏滿匼匝，只是無人領會得。要領會得時，除是有孔子等氣象，方參得透。今世做工夫，人心却不曾放去，又多失於迫切；正在勿助長。不做工夫，人心裏自在，又却都没一事。無事而忘。

此皆不是水止鑑空之體，所以參不得天地妙理。

「君子以人治人，改而止。」張子曰：「以衆人望人則易從。」其説顯然，如何？

衆人之説，即「天生烝民」「凡厥庶民」之謂，亦是將他共有道理治他，乃天理人倫之類，若以蠢蠢昏昏爲衆人，非聖人意。

「忠恕違道不遠。」程子所謂「動以天」言，如何？

曾子言忠恕與子思不同者，蓋聖人事，即「維天之命，於穆不已」，「乾道變化，各正性命」，所謂「動以天」也。子思正言學者事，只是施諸己而不願，亦勿施於人，是動以人耳。此處當置局東西面説。

「鳶飛戾天」一章。程子謂此一段是「子思喫緊爲人處」，是如何？

大要不要人去昏嘿窈冥中求道理，處處平平會得時，多少分明快活。

《中庸》言自誠，必先學問而後力行。《大學》言明德，必先格物致知而後正心誠意。是則博學之功，誠入德之門。至説修德方説講學，而遷善、改過等事又反在修德之後言之，何歟？

修德、講學、遷善、改過，四者明如日星，不用無端繳繞，只合逐條自勘，當從頭做去也得，從尾做去也得，中間起頭亦得。

二十二章以天道、人道間見迭出，是如何？

道理縱横，説之無盡，如何立定樣範，都要一般面目？只合逐章體認，如天道、人道，才不費力處，便是天道；才著力處，便是人道。

晦翁謂生知安行者，主於知而爲智；學知利行者，主於行而爲仁。夫生知，固可以知言，而安行，何以主於知？利行，固可以行言，而學知者，何以主於行？

《論語》論進修之序，皆先仁而後智。《中庸》論氣禀之殊，皆先智而後仁。謂仁人爲聖人者，以進修言也；謂上智爲聖人者，以資禀言也。《中庸》既以智爲聖人，則生知安行，皆聖人之事，安行所以屬智；既以仁爲賢人，則學知利行，皆賢人事，學知所以屬仁。凡《中庸》人品之論，各有所屬分配，自有並行不悖處。

至聖以德言也，至誠以道言也，德非道莫能爲，故凡見於日用者，皆道也。即經綸天下之大經，立天下之大本，既歸之至誠；至於溥博淵泉而時出之，又歸之於至聖，何也？

聖者，靈通變化之稱，人道之極功。誠者，真實無妄之謂，與天同德也。經中凡説天德處，必曰至誠；凡論人倫之至處，必曰至聖。

《中庸》追王之旨，晦翁以爲推己及人，而混喪祭而言。莫便是人各伸其情於父母否？伸情於父母處，獨齊衰之喪上同於天子，其他各有限節等殺，不可盡伸也。

文王，追王者也。何《中庸》言追王而不及文王？據此，却似文王生已稱王與？《詩》中「受命作周」，《武成》處語亦類此。但先儒堅謂不然，當以孔、孟之言爲斷。三分有二以服事殷，取之而燕民不悦，則勿取。是時大勢已成，只不伐商耳。

《中庸》言追王太王、王季、文王爲周公，而《武成》所稱太王、王季、文王，或以爲追王是武王。果周公乎？武王乎？又如《武成》稱王，❶皆後來史臣之文。《周禮》之文，皆周公所制，追王是文、武之意，故《中庸》言周公成文、武之德，以制此禮。

好學近乎智，力行近乎仁，知恥近乎勇。此三「近」字體認未甚親切。全此理者爲達德，近此德者爲入德。

❶「如」，元刻本、明刻本作「知」。

「其次致曲，曲能有誠。」有誠處比誠者地位如何？

此語不要大看，未是統體誠處，乃是逐節逐曲推致，各造誠實地位，直到下面惟天下至誠爲能化，方説全體誠處。

程子解「鳶飛」「魚躍」一章曰：此是「子思喫緊爲人處，活潑潑地」。指何理言？

若是一物生見解，人便指直是道理，所以活潑潑；智睿不生，只是鳶、魚，所以死搭搭。

「率性之謂道，修道之謂教。」

率性不要作工夫看。物性自然，各有所由行之路，如牛是牛之性，馬是馬之性，飛潛動植，各一其性，而不可移换，便是率處。若牛作馬，馬作牛，飛者潛之，動者植之，即是違其性，非物之所謂率性矣。

《中庸》六章言「舜其大知也歟！執其兩端用其中於民」，而不及「庸」。又十三章言「庸」而不及「中」。何也？

此書從頭至尾，句句是中，句句是庸，不要摘字看，才如此看，自此至此説「中」，自此至此説「庸」，是尋行數墨之學。

自格物至治國、平天下，是有次第。道在於謹獨，抑不知戒謹恐懼？還是毋自欺？須從上面起，抑戒謹恐懼即是毋自欺境界？

戒謹恐懼與謹獨，是兩項地頭。戒謹恐懼是自家不覩不聞之時，存誠養性氣象如此。謹獨是衆人不聞不覩之際，存誠工夫如此。《中庸》兼已發、未發説，故動息皆有養。《大學》只就意之所發説，故只防他罅漏處。

「誠意」章所謂「自欺」，與下文「小人閒居爲不善」，有分別否？

才萌欺心，便落小人漩渦中，可畏之甚。

或問曰：敬，若何而用力？程子嘗以「主一無適」言之，嘗以「整齊嚴肅」言之。其門人謝氏則有所謂「常惺惺法」者，尹氏則有所謂「其心收斂、不容一物」者。

「敬」字本不用解注，但操存此心，常令存在，便是「主一無適」。「惺惺法」與「整齊嚴肅」之語，共是扶起主人翁，不令放倒耳，不用他引證，引證便死了，只自驗看。

或問曰：但爲氣質所拘，人欲所蔽，則有時而昏，然其本體之明，則有未嘗息者，故學者當因其所發而遂明之。如何是明德之所發？

良心、善性，時有隙光半點自發見處，如見孺子而惻隱，感霜露而怵惕，雖未嘗學問人亦有。但常人不能體認，不能擴充，俄頃又放過了，所以終身昏昏底。

意實，則心實矣。然或但知誠意，而不能密察此心之存否，則又無以直内而修身也。夫心、意未嘗相離也，意特心之所發耳。以《章句》之旨觀之，毋乃心自心，意自意耶？密察此心，不知又將一個心密察耶？

本是長匹無縫底物事，聖賢欲人警悟處剪下，逐段向人看，理會得時，仍是長匹無縫，不曾剪斷。密察之間有味，即密察處便是心，更復何處外討一個來？前輩有以心使心語，此喫緊示人處，要人領會。

忿懥、恐懼、憂患、親愛、賤惡、畏敬、哀矜、傲惰，此數者，皆由七情中出。《大學》之七章以上四者釋正心，八章以下釋修身。何所區別？

總是七情之動，一則心與事應，一則身與人接。但前章主事而言，於事上有所滯著，則於心裏有病，心裏有病，則其脉過於身，身受病，則其脉過於家。但正心一條説理細，修身一條説理粗。

「傲惰」之説。《或問》言「傲惰，凶德也」。以其先有是心，不度所施，而有傲耳。若因人之可傲而傲之，則是常情之宜，有事物之當然。

傲惰，所疑極是，本無兩種傲惰，但人有此僻，多不知覺，既知覺，則當消磨去之耳。《曲禮》「傲不可長」是也。

「必忠信以得之。」《章句》云：「循物無違謂信。」晦翁嘗謂以實之謂信。此乃以「循物無違」言，何耶？

古語：「言有物而行有常。」物，即實事也。據實事而言，大者依他大，小者依他小，實有五分便依他五分，實有十分便依他十分，是謂循物無違，是謂以實之謂信。

格物致知，疑與記誦博識相近。伊川説格物爲誠意之本，明道謂記博爲玩物喪志。

格物致知，研窮義理，心學也。記誦博識，口耳外馳，喪心之學。二事正相反，猶言温故知新可以爲人師，記問之學不可爲人師。

「是故欲明明德於天下者，先治其國」數句，皆以「先」言，獨「致知格物」一句，乃以「在」言。恐上數條，一節是一節，部位分明，如升堂了，方入室，下條如著衣便不寒，喫飯便不飢，是貫串工夫。

此節工夫貫串，不比其他科等。

「人之其所親愛而辟焉」一章，終未見「身與物接」意思。

接此五種人，便有此五種僻，豈不是「身與物接」？

晦翁謂悠久即悠遠，兼内外而言。如何？

「不息則久」，是誠積於内；「徵則悠遠」，是誠積於外。下却變文爲「悠久」，則是兼上文内外而言。

「悠遠則博厚。」不知此「博厚」主内而言邪，抑主外而言邪？

自「徵則悠遠」而下，皆主效驗之積於外者言之。

木鐘集卷九

宋陳埴撰

春秋

《春秋》書「元年春王正月」。或謂用周正，然周雖正朔未嘗易時、月。商之元祀十有二月，明月不可易，秦之元年冬十月，明時不可易。今以爲用周正，則時、月皆舛矣。或謂用夏正，則是夏之正月，而何以爲王之正月？或以爲夏時冠周月，則周之正月，乃夏之十一月，安可謂之春？是時又皆舛矣。且建寅而又建子，不幾有兩，造化反覆，殊不可曉。不知果當出何說。

周事今不可攷，但以秦事觀之，可見繫周事者也，當只改其建正，不當改其書法。今秦既書冬十月爲歲首，即周以冬十一月書之可知。秦自十月、十二月之下，仍書正月，即周正月，即周之書法可知。所謂行夏之時者，乃是將周曆書重與排過，從他正月爲始。胡文定摭商、秦書法爲證，已是得之。但云以夏時冠周月，則不成法度矣。但書災異事，與今說不合。語不可曉，缺之無害。

《左傳》驪姬譖群公子一段，末云：「晉人謂之二五耦。」注云：「二耜相偶。」不知古今耕二耜相偶如何。

古人耕法，不用牛而以兩人代，一人代之，則力不足，必兩爲耦則可，故或謂之耦耕，或謂之並耕。耜，即今之犁頭也，廣五寸。耦耕，則用二耜，兩其五寸，故其耕之處深廣一尺，晉人所以有「二五耦」之譏。

曲沃武公之并晉國也，天子不能正之，而復命之，是天下壞亂久矣。温公獨以壞禮自三晉始，何耶？周室壞法亂紀，自入《春秋》來，已下儕於列國，如交質子事，《左氏》不責鄭以亡君臣之分，只責其信不由中，蓋當時看了此等事，只作尋常事體看，更復説甚名分事？釐王封曲沃武公爲晉侯，非是國之號令，猶能行於諸侯，負篡弑之罪，自知不容於諸侯，故厚賂周室以求長安本邑耳。當時若尚有王法，安得無忌憚若此？温公欲發大義於一書之首，故借名分以明之，其中辭語有失契勘耳。《通鑑》以三晉爲一書之首，故大其義以繩之，未爲合事實也。

《左傳》：「公入而賦：『大隧之中，其樂也融融。』姜出而賦：『大隧之外，其樂也泄泄。』」莫是詩否？此即是詩，當作春秋時二章詩看，然而不可不明訓詁。古詩不過如此，若訓詁不明，安知「隧」爲何物耶？隧，地下路也。

閏法，《左氏》謂履端於始，舉正於中，歸餘於終。可將《正義》攷否？

《書》云：「期三百有六旬有六日。」《疏》云：「一歲三百六十有五日四分日之一。」言六旬者，舉成數而言耳。

按：《左傳正義》曰「天三百六十五度四分度之一」，已寫在《六經總論》中。

宋宣公舍與夷而立弟穆公，厥後亦舍子馮而立與夷。《左氏》釋傳謂：「君子曰：宋宣公可謂知人矣，立穆公，其子饗之。」是取其傳賢不傳子。至《公羊》乃云：「宋之禍，宣公爲之，故君子大居正。」與《左氏》相反。如何？

宣公舍子立弟，固是擇賢，況兄弟相繼，自是殷法，未爲失正。《公羊》以成敗論人，歸咎宣公，不知殤之不君，正使當下便立他，其禍尤速。宋之禍，不起於兄弟之争，自是殤之不君爾。《左氏》謂宣公知人，固是謂立弟而子享，若以成敗論，當宣公之時，豈逆覩其立我子耶？

齊威以四十餘年之經營，而齊之霸業一傳遂斬。晉文以一年之亟就，而晉之霸業終春秋而不替。或謂齊得孝公以嗣位，不若晉得襄公，而靈、成、景、悼，昏昧滋甚，何能長有諸侯耶？

晉自文公之後，不成霸業，是時乃楚莊稱伯。敗晉于邲。楚衰，晉悼復伯。自悼公以後，晉、楚同主夏盟。宋之會至申之會，則天下之大勢又在楚而不在晉矣。

《春秋》之作，始於無王，終於無伯。止齋先生謂天下之無王，鄭爲之也；天下之無伯，齊爲之也。夫當時列國，皆此等人，而獨歸罪於二國，何耶？

以其嘗敗王師，故曰無王自鄭始；以其嘗伐晉，故曰無伯自齊始。

晉獻公欲廢太子申生而立奚齊，荀息不能正君之非而能守君之命，里克、丕鄭欲從君之義，而不從君之惑，二者孰正？

效荀息不得，猶刻鵠不成尚類鶩；效里克不得，則畫虎不成反類狗矣。

隱公攝位，何故得列於十二君？歐公有論。

隱、桓俱非正嫡，但隱長而桓少，則隱之受國於先君，正也，乃欲遜于桓，此即非禮之禮，有類子噲之事，宜其自貽伊慼。三傳不辨長幼之分，又從而成桓之志，名之曰攝。夫既君其國矣，國人又已君之矣，何攝之有？

子糾，兄也。小白，弟也。《春秋》以子加糾，則諸侯繼世在喪之稱也。《集註》謂小白兄而子糾弟，未審何據。

公殺糾，不稱子。胡文定公主《公》《穀》義，其所按之辭曰：「史稱周公誅管、蔡以安周，齊桓殺其弟以反國。」故《集註》祖之。

《春秋》吴越之争始於何時？更敗前後？凡幾。

昭六年，楚通越以困吴，吴、越之兵争始於是。定十四年，吴會黄池之歲，吴之極盛也，而越滅之，《春秋》於是終焉，以爲天地之大變。哀元年，吴嘗滅楚矣，而《春秋》不書，豈以其卒能報吴耶？

哀之十年《傳》「絳縣老人」事，史趙曰「亥有二首六身」，未曉其説。「亥」字，古寫較横些，其字頗類算子位，故史趙借此字以寓算數，如今不用下畫於旁，但横看，便如四個算子位，此是滑稽伎倆，見晉之諸子皆曉算法，皆能隱語。「絳縣老人」豈是不識？故作隱語以使人測耳，却被師曠一口測了，曰是七十三年，師曠又不下算，却只説是魯會承筐之歲，狄戎伐魯之年，以示算法，亦謂無人能測識者，不知士文伯一見而決爲之。《箋注》云：此二萬六千六百六旬也。文伯非術數之家，其敏又在師曠、史趙之上，所以見晉多博聞之士，多精算之家，一談論之頃，而數美具焉。

僖九年，宰孔言齊侯「東略之不知，西則否矣」。如何？齊威既南征北伐矣，東西則未能遠略也。宰孔意其伯業將衰，決然不能西略，若東略則未可知耳，故語晉不用憂西，以晉在西故也。

楚子問鼎，王孫滿辭，楚兵乃去之。然是謂楚兵之去，則周之天命必未改耳。使楚子果欲多上人，豈文辭所能折？

來説卜世、卜年爲假説之詞，只王孫滿陳義如此，楚安得不折服？楚莊有志齊桓、晉文之事，桓、文未能改，楚莊敢遽無分乎？猶可以義折也。

先儒嘗以胡文定夏時冠周月之説最爲不是，且舉「日南至」與「秋大水、無麥苗」一兩事辨明之，復不明載其用夏時、周時。未審《春秋》所書災異事，果用夏時耶？周時耶？

夏時冠周月，不是道理。《春秋》全是夏時，只除了隱元年冬十一月、十二月不書，從他春正月排去，直到卷終然，便是夏正。若用周正，則隱元年當云冬十一月，今只除此兩月不書耳。此説甚長。聞之蔡西山云：「書灾異，皆應夏正，如僖末年書隕霜不殺草，梅李實見，是夏十二月分明。」

韓宣子適魯，見《易象》《春秋》，曰：「周禮盡在魯矣。」釋者謂仲尼上遵周公之遺制，下以明將來之法，則《春秋》固周禮所寓。彼《易》，卜筮書也，未知與周禮何合。

《周易》雖卜筮常用，然掌在太易，屬之太史，侯國想無此官，亦無此書，故其卜筮、繇辭見於列國者，各不與《周易》同，如僖公十五年秦伯伐晉之筮。又晉嫁伯姬之筮。自是一項占書。今《火珠林》類是。獨周史以《周易》見陳侯，莊二十三年。與魯穆子之生，昭五年。南蒯之叛，昭十二年。穆姜之出，襄九年。凡《周易》，魯所筮，皆《周易》正文。以此見《周易》，唯周與魯有之，列國占筮皆是俗法，惟魯與周正法，故韓宣遂謂周禮在魯，與晉之《乘》、楚之《檮杌》、魯之《春秋》同。

木鐘集卷十

宋陳埴撰

近思雜問附

《近思録》載「一陽復於下，乃天地生物之心」。先儒以静爲天地之心，不知動之端乃天地之心。又説「陽始生甚微，安静而後能長」。既以動爲陽之始，復又指安静言之，何耶？

一陽復於地下，即是動之端，但萌芽方動，當静以候之，不可擾也，故卦《彖》言「出入无疾」，而《象》言「閉關息民」。蓋動者，天地生物之心；而静者，聖人裁成之道。

「德不勝氣，性命於氣，德勝其氣，性命於德。」

義理不勝氣禀，則性與命皆隨氣禀中去，所以多不善。若義理勝氣禀，則性與命皆向義理中來，所以爲善。德謂義理之性，氣謂血氣之性。學問之道無他，不過欲以義理勝血氣。

夏建寅，爲人統；商建丑，爲地統；周建子，爲天統。檢《律曆志》看，太簇是正月，位於寅，爲人統；黄鍾是十一月，位於子，爲天統；以林鍾爲地統，合位於丑，在十二月。今以《月令》攷之，則林鍾位於未，在六月，何也？

林鍾固是六月。六月即十二月之衝，陽管用正月，黄鍾、太簇。陰管用其衝，大吕。必如是方得全律。黄鍾九寸，太簇八寸，林鍾六寸，餘皆奇分。大率陽全陰半，陽以一爲一，陰以二爲一，故乾三畫，坤六畫。此真至之理，不可不講。

「赤子之心」與「未發之中」同否？

赤子之心，只是真實無僞，然喜怒哀樂，已是倚向一邊去了。如生下時便有嗜慾，不如其意，便要號啼，雖是真實，已是有所倚著。若未發之中，却渾然寂然，喜怒哀樂都未形見，只有一片空明境界，未有倚靠，此時只可謂之「中」。要之赤子之心，不用機巧，未發之中，乃存養所致。二者實有異義。

變、化如何分別？

變，如鳩化爲鷹，雀化爲蛤，正欲脱離舊殼。化，則已脱離舊殼了，見鷹而不見鳩，見蛤而不見雀，痕迹俱泯矣。

晦翁嘗疑日月右轉，不是以爲天行至健，一日一夜一周，却剩一度。日一日一夜恰好，月則不及十三度有奇。與曆家所推大段相反。不知何所見而云耳。

天行日剩一度，出鄭康成。日月俱左旋，聞橫渠有此語。但曆家用簡捷超徑法巧算，須用作右旋，却取他背後欠天零數起算，故日只作行一度，月作行十三度有奇，庶簡捷超徑，易布算也。

人説性，便分善惡，而心之善惡，不曾説。

性是心之骨子，性既如此，則心不假言。

明道曰：「在人爲性，主於身爲心，心發於思慮謂之情。」如此則性乃心情之本，而橫渠則以爲心統性情，如何？

心居性、情之間，向裏即是性，向外即是情。心居二者之間而統之，所以聖賢工夫只在心裏著到，一舉而兼得之。橫渠此語，大有功於後學。

血氣之性與氣禀之性同否？

「生之謂性」「食色，性也」，是血氣之性。荀子性惡，揚子性善惡混，韓子三品，與《論語》性近習遠、上智下愚之説，皆是氣禀之性。血氣之性，是於氣禀中獨指知覺、運動、悦色、嗜味言之，尤爲卑下。

伊川説穿牛鼻，絡馬首，是率性之道。夫牛有牛之性，馬有馬之性，彼固自率其性耳，若穿牛、絡馬，乃是聖人裁成之道。竊慮此當是修道之教。不是自家穿絡他，乃是物性各有不同，牛必須穿鼻，絡首則非其性矣；馬必須絡首，穿鼻則非其性矣。是他物性各自有由行之路，如此即不干聖人事。設使牛而可絡首，馬而可穿鼻，則是不由物性，乃由聖人矣。

張子曰：「窮理盡性，則性天德，命天理。」此義如何？

有氣質之性命，有義理之性命。由德上發者爲義理，由氣上發者爲氣質。雖有稟賦不同，苟能學問以充之，謂窮理盡性。則向之得於氣質者，今也性皆天德，命皆天理，所謂善反之，則天地之性存焉。

程子説性與孟子不同。

性者，人心所具之天理。以其稟賦之不齊，故先儒分别出來，謂有義理之性，有氣質之性。仁義禮智者，義理之性也；知覺運動者，氣質之性也。有義理之性而無氣質之性，則義理必無附著；有氣質之性而無義理之性，則無異於枯死之物。故有義理以行乎血氣之中，有血氣以受義理之體，合虚與氣而性全。孟子之時，諸子之言性，往往皆於氣質上有見，而遂指氣質作性，但能知其形而下者耳，故孟子答之，只就他義理上説，以攻他未曉處。氣質之性，諸子方得於此，孟子所以不復言之；義理之性，諸子未通於此，孟子所以反覆詳説之。程子之説，正恐後學死執孟子義理之説，而遺失血氣之性，故并二者而言之，曰論性不論氣，不備；

論氣不論性，不明。程子之論舉其全，孟子之論所以矯諸子之偏。人能即程子之言而達孟子之意，則其不同之意不辨而自明矣。

韓退之以三品言性，果與夫子上智下愚不移之説合否？

三品之説，略似《論語》性近習遠。

明道謂「學者爲氣所勝，習所奪，只可責志」，往往即孟子「持其志，無暴其氣」之謂。自家這裏，心自有所守，如何爲氣所勝、習所奪？

學者爲氣稟所拘，習俗所制，不能擺落纏繞，只爲做人無立志，不自强爲善，不願作向上人，遂落在旋渦中，無由拔出。學者須是立志爲先。此志乃孟子「尚志」之「志」。

目視耳聽，此氣質之性也。然視之所以明，聽之所以聰，抑氣質之性耶？抑義理之性耶？

目視耳聽，物也。視明聽聰，物之則也。來問可施於物，則不可施於言性。若言性，當云好聲好色，氣質之性；正聲正色，義理之性。義理只在氣質之中，但外義理而獨狥氣質，❶則非也。

❶「狥」，元刻本作「徇」。

「經」「權」二字如何分別？

經，猶秤衡，銖兩斤鈞，一成畫定。權，即秤錘，隨物低昂，以求合於銖兩斤鈞。

五，皇極之道。程子以「極」爲時中，晦翁謂之至。同否？

極者，至盡無以加之辭，本不訓「中」字，中是無偏倚、無過不及之稱，各有所當。前儒秤尺猶疏，晦翁加密矣。

伊川曰：「中字最難識，須是默識心通。」又曰：中不可執，識得，則事事物物皆有自然之中。此乃時中之中，初無定體，隨時處中，即所謂權也。中不中，只在毫釐之間，非理明義精，不能到此。

程子以權即經，而以反經合道之説爲非。晦翁引孟子説，爲經、權亦當有辨。權，乃權衡之權，即隨物以取平者。古人借此「權」字，以秤量事理，即所謂義之宜，即所謂時中也。既曰義與中，又何嘗自反經來？但以變通從時，求合於經，不可直謂之經耳。

造化。

天地造化萬物，萬物露生於天地之間者，皆造化之迹也。是孰爲之耶？鬼神也。造化之迹，猶言造化之可見者。非粗迹之迹。于今一禽一獸，一花一木，鍾英孕秀，有雕斲繪畫所不能就者，倏忽見於人間，是孰爲之耶？即造化之迹，鬼神也。

何謂「鬼神者，二氣之良能」？

鬼者，陰之靈；神者，陽之靈。

晦翁謂月加子午，則潮長。未識其說。

此說不可曉。今海居者，但云月上潮長，月落潮退。誠驗其言，是乃月加卯酉，方位非子午也，朔日之潮可驗。朔日月與日會，日才出卯方，即潮長，才入酉方，即潮又長。是月與日相隨出没。

月本無光，借日以爲光。此先儒之通論。然月過中於天，而日行於地之下，則月何以爲光？借曰四面空虛，故日從空中照出日光，既四面合照，則月當常圓，何爲復有虧缺？

爲地浮在天中間，上下四方皆空虛，只有茫茫無畔邊岸底水，水即氣。所以謂之太虛，故日雖入地，其光迸出，與太陰之氣相感，但月去日有遠近，故光有盈缺，近日則光小，遠日則光大。

日食之變，精於數者皆於數十年之前知之，以爲人事之所感召，則天象亦當與時盈虧？

日月交會，日爲月掩，則日食。日月相望，月與日亢，則月食。自是行度分道，到此交加，去處應當如是。曆家推算，專以此定疏密，本不足爲變異，但天文才遇此際，亦爲陰陽厄會，於人事上必有灾戾，故聖人畏之，側身修行，庶幾可弭灾戾也。

《集註》云：「管仲之德，不勝其才；子産之才，不勝其德。」

功大而器小，是德不勝才。惠而不知爲政，是才不勝德。

明道以記誦博識爲玩物喪志，如何？

徒記誦該博而理學不明，不造融會貫通處，是逐其小者，忘其大者，反以無用之物累其空明之心，是爲玩物喪志。

明道謂學不言而自得者，乃自得也；有安排布置者，皆非自得也。安排布置，須是見於施設。以安排布置爲非自得，如何？

安排布置，非是見於施設，謂此心此理未到純熟兩忘地位，必有營度計慮之勞，逆施偷作之病，才到自得處，則心便是口，理便是心，心與理忘，口與心忘，處處安行自在，默識心通，不用安排布置也。

橫渠云：「文要密察，心要洪放。」何者爲「文」？

文，謂節文之文，如周旋中規、折旋中矩之類。雖甚嚴密，不少舒放，然心裏却甚泰然。

在禮，外事用剛日，内事用柔日。祭先聖用上丁，社稷用上戊。此唐開元制也，至今用之。不知用戊、用丁何義？

外事，謂祭天地、社稷、山川及兵戎之事。内事，謂祭宗廟及冠婚、學校之事。社稷用戊，固剛日。古用甲日，洛邑方用戊。釋奠用上丁，乃柔日，主於文也。《夏小正》及《月令》已用之，唐因之耳。武學用戊，主武也。《毛詩》「吉日維戊，既伯既禱」是也。

上丁釋奠，是開元禮。

伊川曰：「在物爲理，處物爲義。」又曰：「在義爲理。」何如？

理對義言，則理爲體而義爲用；理對道言，則道爲體而理爲用。

古今風氣人物之異。程子謂氣有淳漓自然之理，有盛則必有衰。既是衰了，還有淳時否？

有大盛衰，有小盛衰。大盛衰則三代不似唐虞，秦漢不似三代，晉宋不似秦漢，隋唐不似晉宋；小盛衰則商初勝如夏末，周初勝如商末，漢初勝如周末，晉初勝似漢末，唐初勝如六朝之類。

橫渠云：「多聞不足以盡天下之故。」其旨如何？

此言記問之學，雖博而有限；中窒故也。義理之學，至約而無窮。中明故也。

晦翁説仁爲愛之理、心之德。如何？

愛是情，理是性，心統情性者也。單説「愛」字與「心」字，猶是就情上看，必曰愛之理、心之德，方和性在裏面。是愛之所以爲愛、而心之所以爲心者也，是之謂仁。前輩謂心爲穀種，能生處即是他所以爲穀種處，故桃杏之核皆曰仁。孔門不曾正説仁之體段，只説求仁、爲仁之方。孟子方説怵惕、惻隱處，以狀仁之體段。又説仁，人心也。須認得仁爲人心，方見仁著落，所以不仁之人，全無人心，醫者以手足偏痺爲不仁，最是名狀得好。既無人心，問他恁麽羞惡、恭敬、是非。仁包四端，即此可見。心如穀種，所以生處是性，生許多枝葉處便是情。心亦是有形影底物事，情亦是有形影底物事，獨性無形影。

明道云：「天地間只有一個感與應而已。」莫是動静無端、陰陽無始底話？

一往一來，一屈一伸，一闔一闢，一晝一夜，一寒一暑，無處不是此兩扇物事。有感必有應，所應復爲感，所感復爲應，備此三句，方是無端無始意。蓋「感」「應」二字，貫通陰陽動静，謂陽動爲感固可，謂陰静爲感亦可，謂陽動爲應固可，謂陰静爲應亦可。蓋今日之晝，固起今日之夜，而今日之夜，又起明日之晝，天地間不過如此耳。

朱子解《太極圖》云：「乾男坤女，以氣化者言；萬物化生，以形化者言。」竊疑乾男坤女，非止言人，凡陽之屬，皆男也；陰之屬，皆女也；氣化之初，萬物已在其中矣；萬物化生，非止言飛潛動植，凡人亦萬物之一形，形化之後，人在其中矣。

氣化，謂未有種類之初，以陰陽之氣合而生。形化，謂既有種類之後，以牝牡之形合而生。皆兼人、物言之。

爲人、爲己如何？

爲己，是真實無僞。爲人，只是要譽近名。聖人此言是就他源頭上分别出來。今學士大夫謂爲己不求人知，而求天知。才説有求天知，意便不是爲己。爲己者，只是屈頭擔重擔，不計窮達得喪也。

仁者，偏言之只一事，兼言之則包四端。四端皆心之德，頭面迥異。仁既是愛之理，則義、禮、智亦當謂之理，四者皆當用工夫，然孔門大率多去仁上著力，何耶？

所謂愛之理，是偏言之，將四端分作四去看，截然界限，不可相侵；心之德，是兼言之，將四端只作「仁」字看。仁爲善之長，猶家之嫡長子，包貫得諸子，故獨以理言。以心德言，須見移在諸位上用，不動方是諳理。

晦翁以三代而下，皆人欲而非天理。且如漢文帝資禀純粹，如何斷以人欲？

晦翁此言，止謂秦漢而下，不曾有徹底理會學問人，其中好者，只是天資粹美，暗合聖賢，元不從學問中來。文帝是。若似此人主，更從學問中徹底理會，便是湯、文以上人。

王、伯如何分別？

司馬温公無王、伯之辨。要之，源頭只是「王」「伯」兩字，以其爲天下王，故謂之王；以其爲方伯，故謂之伯。以王天下言之謂之王，猶伯之爲伯也，未見其美玉珷玞之辨。後來制字有不備，故「伯」字有「霸」字，「王」字只是「王」字，點法爲之，然「伯」字亦無詐力之義，故言三王，以其王天下也；言五霸，以其伯諸侯也。自其有三王之至公，有五霸之智力，而後有王霸、是非、誠僞之分。故今之言王、霸之分者，當以《孟子》「德行仁」「力假仁」爲正。

「無將迎」如何？

人心如鏡，物來則應，物去依舊自在，不曾迎物之來，亦不當送物之去，只是定而應、應而定道理。

「空積忽微」如何？

言起空立數，以求忽微之數也，如四分度之一，起空立四分於内，取其一。積却是積疊，如説五寸三分二之類。

「誠無爲，幾善惡。」誠爲太極，幾之動爲陰陽，陽爲善，陰如何便是惡？

陽大陰小，陽貴陰賤，陽明陰暗，陽清陰濁，有善惡之類焉。周子此言，是以人心説太極，當其誠實無妄，此實理即爲太極，才動便善惡生焉。幾者，動之微。蓋欲於其萌動而蚤辨之，使之有善而無惡也。

夏尚忠，商尚質，周尚文，此固各一代之所尚。然使其不易代，則夏將終於忠，商將終於質，周將終於文？不知時節既變，聖人如何區處？

自是三勢如此，不是三代聖人開國之初，揭個樣範要人如此。

横渠曰：「未知立心，患思多之致疑。」

立心，持敬之謂。先立個主人翁了，方做得窮理格物工夫。

或問明道曰：「出辭氣，莫是於言語上用工夫否？」曰：「須是養乎中，自然語順。」若如須欲於外面著力，加修辭之功，是如何？

「出辭氣」，「出」字著工夫不得，工夫在未出之前。此是静時有工夫，故才動，道理便在此。動時自有著工夫者，如修辭、安定辭之類。

「由太虛，有天之名；由氣化，有道之名；合虛與氣，有性之名；合性與知覺，有心之名。」如何？

凡古書言天處，皆指理而言，非但謂蒼蒼者。凡古書言道處，皆主物而言，非但謂空空者。故横渠以太虛、氣化釋之。凡説性處，雖主氣，必帶理，此皆古人制字之深意。當作如是看。

「性中具仁、義、禮、智，道德」如何？

行是四者即爲道，得是四者即爲德。

「乾爲大，坤爲至。」

大者，尊辭。至者，親辭。所謂尊天而親地也。

「忿」「慾」二字爲人害最大。《損》之《象》曰：「君子以懲忿窒慾。」然喜、怒、哀、懼、愛、惡、慾，君子以爲人情。夫情出於性，性出於天，則是天之付於人者，亦有不善耶？

喜怒發而中節，則爲和，發不中節則爲害。此事全在當人，責天不得。山下有澤，《損》「君子以懲忿窒慾」，只奉行此語。

伊川謂致知在所養，養知莫過於「寡慾」二字，往往寡慾則知無不盡。

程子以持敬爲入德之門。蓋欲格物致知，須是心常存在才可，所以有寡慾之説。恐引出心向外去也。

《集註》：「成德以仁爲先，進學以知爲先。」意者學以智爲先，莫是知至、至之之説否？「成德以仁爲先」，其義未解。

進學是施功時，則智先於仁，由明至誠也。成德是收功時，則仁大於智，誠則能明矣。

明道曰：中者，天下之大本，唯敬而無失最盡。則中不過是個「敬」字，才敬便是中否？

當喜、怒、哀、樂未發之時，便著甚工夫？才著得力，便是發了，所以先賢當此境界，不是無工夫，又不可猛下工夫，只是敬以直内，即戒謹恐懼意，敬不喚做中，敬而無失，方是中。無失，即不偏倚之謂。

或問九章謂「有諸己，不必求諸人」，以爲求諸人而無諸己，則不可也。「無諸己，不必非諸人」，以爲非諸人而有諸己，則不可也。

爲經文有以己求人、以己非人之嫌，却自己才有善，便去求人之善；己才無惡，便去非人之惡；不是君子反躬意思。故先賢下此一轉語，方見全是爲己。大意謂欲責人，先須責己，不是才責己了，便責人。此君子、小人，爲己、爲人之分，毫釐間耳。

程子曰：「明善爲本，固執之乃立，擴充之則大，易視之則小，在人能宏之而已。」聖賢工夫，只此兩端，在《論語》則爲博文約禮，在《大學》則爲致知誠意，在《中庸》則爲擇善固執，在《易》則爲知崇禮卑。能擴充此二事，即作聖之資；若輕視之，所以爲下愚也。

循物之性與率性之道如何？愚謂實有此道，便是信。不知然否。循物無違之謂信。信主人言，言貴有物，如物有五分，便言五分，物有十分，便言十分，是謂循物無違。如以道言，實有便曰有，無便曰無，循物無違也。與率性之道不同。

堯夫解「他山之石，可以攻玉」：「玉者，温潤之物。若將兩塊來相磨，必磨不成，須是個粗物，方磨得出。譬如君子與小人處，爲小人侵凌，則修省畏避，動心忍性，便是進道之階。」由堯夫之言，則是與不正人居，亦可以正乎？

學道人處處是進道之機，逆境處進人益峻，是他自做小人，吾輩却因他做君子。《老子》云「不善人者，善人之資」，亦此意。先賢此等處訓人真切，但當三復受用。

「天開於子，地闢於丑，人生於寅」，如何？

此謂太朴始散之初，三才所生之序如此。子是玄冥之方，氣自玄冥中始開。丑則其形見露矣，故地於此而闢。寅則見露尤著，故合氣與形，而人於是乎生。今百物所生之序亦如此，皆從子上生起。

明道云：「人之爲學，忌先立標準。」何謂「標準」？

標準，猶言限格。學問既路頭正了，只劄定脚根，滔滔做去，不可預立限格，云我只欲如此便休。今世學者，先立個做時文、取科第標準，横在胸臆，煞害事。

《遺書》云：「天地生物，各無不足之理。常思天下君臣父子，有多少不盡分處。」既曰「無不足」，如何又有「不盡分處」？

天理本無不足，人自虧欠他底。

「無妄之謂誠，不欺其次矣。」無妄、不欺，相去還如何？

無妄是實理自然如此，可以説天與聖人；不欺是欲實其心，只可説學者。

陽者，陰之根；陰者，陽之根。不知周子以陽具於陰静内，陰具於陽動内，還是説陰中有陽，陽中有陰，還是説陰了陽，陽了陰，乃若水爲陰而生於陽之變，火爲陽而生於陰之合，又何也？

陽生陰，陰生陽，猶今日之晝，固生今日之夜，而今日之夜，又生來日之晝。晝之根在夜，夜之根在晝，所謂互爲其根也。根者，生之義，二氣無判然兩截之理，本只一氣，分而爲二名耳。陽變生水，即天一生水也；陰合生火，即地二生火也。

氣行於天，質具於地，則是有氣便有是質，氣如是，質便如是。以氣而語，其行之序則木、火、土、金、水；以質而言，其生之序則水、火、木、金、土。氣之序如此，質之序如此，願聞其旨。

五行始生謂太極流行之後，自氣而成質，自柔而成剛。水最柔，故居一；火差剛，故居次；至木至金至土，則浸堅剛，故《洪範》與《易》言所生之序皆如此。氣則成四時之序，即五行之序也。今更不須問所生之序，此太極剖判之初也。

「動静無端，陰陽無始。」「端」與「始」如何分别？

端，頭也。物之圓環者無端，中則有端矣。始者，終之對。二氣循環不已，故無端；運行不歇，故無始；不斷，故無端；無終，故無始。

《近思録》明道言：「中有主則實，實則外患不能入。」伊川云：「心有主則虚，虚則邪不能入；無主則實，實則物來奪之。」所主不同，何也？

有主則實，謂有主人在内，先實其屋，外客不能入，故謂之實。有主則虚，謂外客不能入，只有主人自在，故又謂之虚。是知惟實，故虚。蓋心既誠敬，則自然虚明。

《近思》云：「學不能推究事理，只是心粗。至於顔子未到聖人處，猶是心粗。」如何？

心粗，是暗處多，明處少，故只見得明白道理，若精微處，則分析不去，只爲有寸而無分也。聖人心如百分秤，謂體統光明，渣滓渾化，故分毫處皆照。顔子未到渣滓渾化地位，猶未免有暗處，故謂之心粗。

《樂書》云：「自仲尼不能與齊優遂容於魯，雖退正樂以誘世，作五章以刺時，猶莫之化。」未審「五章」可得而聞否。

「五章」未聞，恐如過河聞趙鞅殺鳴犢而作詩以哀之，韓文公後補之爲《琴操》。未知然否。

明道先生在澶州日，修橋少長梁，曾博求之民間，後因出入見林木之佳，必起計度之心。因戒學者心不可有一事。毋乃死灰其心耶？

只爲滯著在胸次，雖事過之後，猶復萌動，正所謂心有好樂，則不得其正。若事往即化，則得其正矣。

橫渠云：「精義入神，事豫吾内，求利吾外也。利用安身，素利吾外，致養吾内也。窮神知化，乃養盛自致，非思勉之能强，故崇德而外，君子或未之知也。」如何？

研窮義理之精微，至於入神，即是義理浹洽純熟，心胸間悦豫潤澤，是事豫吾内也。豫吾内者，乃所以利吾外也。此語解「以致用也」一句。利用安身，謂資物之用，以養其身，使氣體之間，安舒順適，是素利吾外也。利吾外者，乃所以養吾内也。此語解「以崇德也」一句。橫渠釋《易》四語，謂皆是内外交相養，平生得此受用。其下云，皆釋《易》下文。

伊川説心本善，發於思慮則有善有不善。思慮從心生，心若善，思慮因何有不善？

思慮以交物而蔽，故有不善。

龜山説聖人縱心，聖人無心。不知心如何縱，如何無得。

此異教語。先儒墮落其中而不知。要知古無縱心語，無心，則有之，止謂無計較之私心耳。

伊川撰《明道行狀》曰：「盡性至命，必本於孝弟；窮神知化，由通於禮樂。」性命孝弟，伊川已作一統底事看了。不識神化禮樂，當如何看？

兩句皆由粗至精，由學者至聖人，謂本是一串道理，但須還踏實蹵底做起。本孝弟而盡性至命，此行之極至；通禮樂而窮神知化，此知之極至。佛氏盡性至命矣，而不本於孝弟，則行之過也；莊氏窮神知化矣，而不通於禮樂，則知之過矣。

橫渠學堂右書「訂頑」，左書「砭愚」。伊川曰：「是起争端。」不知如何是起争端。一銘中言義理匼匝，正好講量，却不於血肉上理會，乃於皮膚之外起意，豈非頑不知訂、愚不知砭耶？橫渠憫俗學頑、愚，故以此立齋。吾友以此問余，以此相詰，非起争端耶？

「仁者，右也；道者，左也。仁者，人也；道者，義也。」

仁與道，猶身之左右體，一息相去離不得，但仁主利愛，故以右言，取其便順也。右體順。仁者，人也；古語不必說。道者，事物當然之路；義者，事物當然之理，故以道爲義。此皆漢儒無理之言，不妨作如此觀。

「鬼神，造化之迹。」

神氣、雷霆、風雨、霜露，皆迹也，鬼神尸之。

「非明則動無所之，非動則明無所用。」

有足而無眼，則欲動而何之？ 有眼而無足，則雖明而何用？ 此義取之《噬嗑》致知力行、夾截並進之説。

明道以記誦博識爲玩物喪志，謝顯道聞之不服。 是耶？ 非耶？

明道是明睿内照，故書無不記，却不是記問上做工夫。 此語正欲點化顯道，惜其爲記問所障，領會不去。

嘗聞伊川先生曰：「動以人欲之私。」然則如之何則可？

應舉求合程度，此乃道理當爾。 乃若不合程度，而萌僥倖之心；不守尺寸，而起冒爲之念：此則妄矣。 應舉何害義理？ 但克去此等妄念，方是真實舉子。

周濂溪云：「養心不止於寡慾，蓋寡焉以至於無。」

此謂私慾耳。 克去私慾，當自寡而至於無。 若飲食男女之慾，發而中節者，是義理之當然，雖大聖不能無，濂溪即非寂滅之謂也。

程子曰：「冬至一陽生，却寒，正如欲曉而反暗也。 陰陽之際，亦不可截然不相接，廝侵過便是道理。」天地之間如是者極多，「艮」之爲義，終萬物，始萬物，此理最妙。

大率陰陽消長之理，一氣不頓消，不頓長，欲消之氣，却侵帶些在初長之中；初長之氣，却侵帶些在欲消之中。大凡寒暑晦明之交接頭處，須兩下侵帶些，所以《艮》居八卦之終，宜只是止萬物，然分於東北之間，一頭接《坎》之殺氣，固是終萬物；一頭接《震》之生氣，又爲始萬物。蓋《震》，豈能頓生？惟於殺氣未盡之時，已是侵帶些子氣了，故至《震》方發生也。

伊川言四德之元，猶五常之仁，偏言則一事，專言則包四者。夫元之統亨利正，是一元之氣統此三者。不知仁統義、禮、知、信如何？

仁爲四端首，乃衆善之長。人有是仁，則謂之人；無是仁，則不足以言人。故曰仁者，人也。言人所以爲人者，以有此理耳。義、禮、智皆從此分出。義者，宜此者也。禮者，履此者也。智者，知此者也。所以包四端。

伊川曰：「以功用謂之鬼神，以妙用謂之神。」

氣歸爲鬼，屬陰；氣伸爲神，屬陽。此以陰陽之功用言。若偏言神處，即以陰陽不測之妙言。

程子曰：「有感必有應，凡有動，皆爲感，感則必有應，所應復爲感，所感復有應。」這個道理還作麼生？

太極動而生陽，此感也。動極而静，静而生陰，此應也。静極復動，此所應復爲感也。動極復静，此所感復有應也。大率陽爲感，則陰爲應；陰爲感，則陽爲應。一陽一陰，互爲感應。此言循環無端之理。

周子曰：「愛曰仁。」程子曰：「愛自是情，仁自是性。豈可專以愛爲仁？」程子學周子者也，何故議論迴別？

善言性者，必有驗於情，故孟子以惻隱爲仁之端。周子以愛言仁，皆是借情以明性，若便以愛爲仁，則是指情作性，語死不圓矣。韓子博愛之仁是。

明道曰：「上天之載，無聲無臭，其體則謂之易，其理則謂之道，其用則謂之神，其命於人則謂之性，率性則謂之道，修道則謂之教。」

前三句主《易》言，如一陰一陽之謂道；後三句主《中庸》言，各有分付頓放處。

程子曰：「學《詩》不求《序》，猶入室不由户。」則《序》，實《詩》之綱領也。今或以爲子夏，或以爲漢儒。程子又曰：「《詩》小序，要之皆得大意。」晦翁乃不取小序，何耶？

晦翁出於諸老先生之後，有集大成之義，故程子有未盡處，至晦翁而始成。

仁者必有知覺，知覺何可以盡仁哉？仁者特有之耳。竊以爲才言知覺，已入智中來。

程門雖有以覺言仁，然不專主此説，其他話頭甚多，上蔡專主此説，故流入禪學去，所以晦翁絶口不言，只説愛之理、心之德。此一轉語，亦含知覺在中，可更思求。

朱子言人形生於陰，神發於陽，五常之生，感物而動，陽善陰惡，又以類分。竊疑繼之者善，成之者性，則陰曷爲便謂之惡耶？《通書》言「柔善爲慈、順、巽，惡爲懦、爲邪佞」，則陰柔之中，亦自有善惡也。今遽以陰爲惡，所以可疑。

陰陽以氣而言，則爲匹敵，無非正氣；以類而言，則有貴賤，用分淑慝；故陽爲君子，陰爲小人，陽主善而陰主惡者，皆以類也，自有並行不悖之理，難執一方一面死定説也。

明道云：「以己及物，仁也；推己及物，恕也。」伊川先生又曰：「仁，所以能恕，所以能愛。」是則恕，乃仁之發見。然質之明道所云，則以己及物，尚有事於推乎？

恕之得名，只是推己之義，然所以能推己者，爲人心有是仁也，若元無是心，何處推得來？

《西銘》之書，似無親親之殺。

程子曰：「《西銘》理一而分殊，墨氏二本而無分。」

明道謂學者能識仁體，實有諸己，只要義理栽培，如講求經義，皆栽培之意，若仁之在人心一耳。不學之人，獨無仁乎？

識得仁體，謂滿腔子是惻隱之心，既體認得分明，無私意夾雜，又須讀書涵泳義理，以灌溉滋養之，不爾便枯燥入空門去。

「退藏於密。」程子曰：「密，是用之源。」朱子云：「不可窺較之謂密。」程子説得輕些。「密」字如何看？此是「幾事不密」之「密」，未與物接之時，無聲無臭，無視無聽，此密也。

伊川每見人論前輩，則曰：「汝輩且取他長。」愚謂長處可法，短處亦可鑒，兼論何害？後輩於前輩，便有少長之分，此皆前輩風流所以助成仁也。

横渠曰：「由太虛，有天之名；由氣化，有道之名；合虛與氣，有性之名；合性與知覺，有心之名。」何謂也？

四者本是一理，但所由之名異耳。從太虛上看，則謂之天，天爲太極是也。從氣上看，則謂之道，一陰一陽之道是也。從虛與氣合上看，則謂之性，天命之性是也。從性與知覺合上看，知覺是血氣動物，則謂之心。其實一理耳。

七情裏，愛與欲如何？

愛者惡之反，欲者愛之流。

有無，本不足以謂道。周子必曰無極而太極，何也？

此語爲未識太極者設，恐人著相尋求此物也。今以説道，説太極，皆似懸空中有一物，高掛在事物形器之外閃鑠底。似此見解，須用腦上著一穴也。

程子曰：「静後見萬物皆有春意。」如何？又問：此還是指聖賢而言否？

觀物内會，静者能之，固是聖賢如此。吾人胸次，豈可不見此境界？静却不分聖賢。

晦翁謂凡物其間自有天理、人欲之辨，而不可以毫釐差。若未能分别天理、人欲頭面如何？大意恐是如程子所言，峻宇彫牆，本於宫室；酒池肉林，本於飲食。先王制其本者，天理也；後人之流於末者，人慾也。凡物之天理、人欲，皆可倣此推之。

五峰曰：「天理、人欲，同行異情。」此語儘當玩味，如飲食男女之欲，堯舜與桀紂同，但中理中節即爲天理，無理無節即爲人欲。

伊川言：「窮理，非必盡窮天下之理。」又謂非止窮得一理便到。又云格物者，非必謂欲盡格天下之物，但於一物上窮得盡，其他可以類推。只格一物，便是致知，雖曾、顔不敢如此道。晦翁曰：「日格一物，積久自有豁然貫通處。」此道儘著玩索，日格一物，豈是只格一物？積久貫通，到此境界，即明睿洞照，不待物物盡窮矣。

横渠曰：《乾》之九五「飛龍在天，利見大人」，乃大人造位，天德成性，躋聖者爾。若夫受命首出，則所性不存焉。

横渠此語，不要做得時位大人看，要做孔夫子看，所謂君有君用，臣有臣用，聖人有聖人用，學者有學者用。此善學《易》者如此。若只指《乾》爲堯、舜、湯、武用，則不識《易》矣。

横渠曰：「陟降庭止，上下無常，非爲邪也；進德修業，欲及時也。」在帝左右，所謂欲及時歟？陟降庭止，何以謂上下無常？在帝左右，何以謂進德及時？

一陟一降，初無定所。此言上下無常，而常若有所見於庭，真見有物臨之者，豈非存誠無邪之驗耶？在帝左右，天理無時去離吾身，豈非進修欲及時耶？

伊川曰：「人心常要活，則周流無窮，而不滯於一隅。」

提撕醒覺之意。

伊川曰：「盡性至命，必本於孝弟；窮神知化，由通於禮樂。」不知孝弟何以能盡性至命，不知禮樂何以能窮神知化。

盡性至命，窮神知化，皆聖人事。欲學聖人，皆從實地上做起，升高必自下，陟遠必自邇，此程門切實之學，積累之久，將自有融液貫通處，非謂一蹴便能。

天地之常，以其心普萬物而無心；聖人之常，以其情順萬事而無情。心以宰物言，情以應物言。此先儒用字最精處，移換不得。

「鬼神，造化之迹。」又曰：「二氣之良能。」

鬼神，只陰陽屈伸之氣，所以爲寒，爲暑，爲晝，爲夜，爲榮，爲枯，有迹可見，此處便是鬼神。蓋陰陽是氣，鬼神是氣之良能流轉活動處，故曰良能。

十二律相生，是以陰陽分上下，定損益。五音相生，亦有上下。生之者爲母，生者爲子，即是陰陽。

道至於聖人，極矣。然禹、湯、文、武、周公之措置，未嘗或同，或時不同，故措置不容不異。乃若諸子論性，豈係於時？

聖賢之所同處，非依本畫葫蘆之謂，斟酌損益，各當於義理耳。才各當於義理，則湯、武之征誅，與堯、舜之揖遜，天地相反，不害爲同也。蓋堯、舜揖遜，義理當揖遜；湯、武征誅，義理當征誅；但得義理長在，所以異而同也。若諸子論性不同，又不可以此論。是其學問有醇疵，故義理有同異，若都到純粹地位，則義理所同，亦無不同也。

邢和叔問伊川「一日三點檢」如何？夫能點檢固是好。此學人言語，不知如見肺肝。一日三點檢，閒時何處去？此語與「三省」言語霄壤異。

《文中子》曰：「化至九變而王道明。」不知所謂「九變」者何如。此以「《簫韶》九成」推之，樂所以象治功之成也。舜樂既九變，則舜之化亦九變矣。《文中子》問答可見，如《武》之樂六成，則武之化亦六變。

「游氣紛擾，合而成質者，生人物之萬殊；其陰陽兩端，循環而不已者，立天地之大義。」

上兩句説五行，下兩句説陰陽。五行交錯，故生萬有之不同；二氣循環，故兩儀終古不息。

程子曰：「天地之正氣，恭作肅，肅便雍也。」此必是解「肅時雨若」。一身之氣，與天地相應。

《文中子》曰：「諸葛亮而無死，禮樂其有興乎！」《近思録》程子亦以此許之。敢問：孔明自比管、樂，使果能興復漢室，恐未必便能興禮樂如三代。

孔明是天資帶得，又從學問中擸出來，據他用事行師調度，若當升平之時做出，必須光明，不止漢唐人物。

「與仁同過，然後其仁可知。」過者，人之所辟也，如何便知其仁？

與仁同過，如唐太宗之處兄弟，與周公之處兄弟，均是過也。但周公之過，光明正大，而無私心，終不離乎仁；太宗則陰賊傾危，純是私慾上行，仁心已不在矣。

《太極圖》如何言水而木，木而火，火而土，土而金，金又水？

水，得氣之初，陽氣一動，便蒸潤，便生水；既蒸潤，便萌達，便生木；既萌達，便盛勢，便生火；火既盛，便剥落，便生土；土既剥落，便堅硬，便生金；金既生，依舊又能生水。到春來，即萌蘖發生，到夏來，都長茂，秋冬都收藏，而堅勁，又至一陽來，依舊又生水。蓋非歸根，則不能發達，乃生生不窮之理也。

無極。

無之極，乃有之極，惟其無中有有，故少刻方生得這陰陽五行，若無許多有在裏面，如何有許多發出來？以手閉太極，指無極言，這個只是無。復以手閉無極，指太極言，這個便是無極中有底。復以手閉無極、太極，指五行言，這個便是無極、太極。其於男女，太極；萬物，太極也。太極，所謂「沖漠無朕」，此之謂也。

太極分陰陽，圖上太極之左右，各一重足矣，何以三爲？

這便是循環無端處，反覆其手而言，陽了陰，陰了陽，何曾窮已。

木鐘集卷十一

宋陳埴撰

史

三代治天下，曰井田，曰封建，曰肉刑。後世變井田爲阡陌，變封建爲郡縣，變肉刑爲鞭笞，而末流愈不勝其弊。今欲追復舊制，於斯三者何先？

復古，惟唐得之，世業、府兵、六典、建官，分晝措置，最有法度，其不傳遠者，非作法之不善，自是家法不正，無賢子孫耳。先儒謂必有《關雎》《麟趾》之化，而後可以行《周官》之法度，古人所以兢業寅畏、左規右矩者，正欲立個人樣，以爲守法之地耳。

攷漢選舉法。

漢選舉法，有孝廉，有明經。自爲曹椽於郡國而太守察之，則爲孝廉；自爲博士弟子於太常而學校舉之，則爲明經。今觀孝廉一科，自漢初已有，如家貧無行，不得推擇爲吏，其鄉閭之公論如此。至文帝時，孝廉之科雖設而萬家之縣猶無應令，蓋有人則舉，無人則止，猶未有定法也。自武帝初，令郡國各薦一人，則始有定法矣。當時猶且闔郡不薦，至勤詔書督責，則士之自重難進如此，而梅福亦議漢以三代之法取當世之士，則薦孝廉之法，猶有三代鄉里舉選之遺意。漢之得人，大抵如此。明經一科，自武帝立五經博士，置弟子五十員，令二千石謹擇可者，常與計偕詣太常受業，一歲一課，其通一藝以上補文學掌故。及公孫弘變更之後，勸之以官爵，枝葉日蕃，迄於始元之間，增弟子員滿百人，又增至三千人，明經始濫於弘之變更矣。至於賢良、方正、茂材，號爲特舉，皆詔而親策之於庭。今攷一時人物，自董仲舒猶不免科舉之累，況晁錯、公孫弘、杜欽、谷永之徒，依違附會，殆無異於明經之科，其不逮孝廉遠矣。自東漢之末，察廉之法壞，覓舉之請行，故左雄限年之請，令諸生試家法，文吏課箋奏，覆諸端門，課其虛實，以觀其能異，而孝廉覆試之法，自此始矣。大抵漢初任人不任法，所以選舉皆實意，惟賢是用而已；漢末任法不任人，所以選舉用私意，茲其所以弊也。

南北軍辨。

先儒多以中尉爲北軍，以《表》有中壘校尉，掌北軍壘門故也。疑是内外相司察處。以衛尉爲南軍。至郎中令，不知其所領爲何。竊按郎中令，所領皆郎從，正是環宮宿衛之士。與古國子同。武帝以儒生不足仗，又置一項親兵，若羽林、佽飛之屬，正屬於郎中令審爾，則環衛重兵，無如南軍衛尉所領，乃郡國番上宿衛之數。中尉非宿衛，❶呂氏南北軍皆宿衛。

❶「衛」下，原空一字，今删去。

南北軍皆環宫宿衛之兵。南軍屬於郎中令，武帝改光禄勳。所謂掌宫掖門户是也。其衛士即諸郎爲之，《表》云掌守門户，出充軍騎。多或至千人。多子弟及儒生。武帝增置期門及羽林軍，以六郡良家子爲之，多亦至千人。始尚梟勇武力矣。以上並見《郎中令表》。北軍屬於衛尉，所謂掌宫門屯衛兵是也。其衛士乃郡國之民更番爲之，歲常轉至一萬人，新故送迎，率常二萬人在道。武帝初年省其半。見《武帝紀》。衛尉屬官有候官、司馬等，蓋寬饒嘗爲之，極能撫循衛士，及一歲，盡當更，衛士數千人願復留一年以報寬饒德。見本傳。則衛尉所領爲番上之士可知。南北軍雖領於二卿，郎中令、衛尉。而列將軍實爲主帥，故吕后欲爲難，使吕禄以上將軍居北軍，使吕産以相國居南軍。文帝新即位，夜拜宋昌爲衛將軍，兼領南北軍。則知二軍領於列將軍者，其正也；其以相國分領者，以吕禄才弱故爾。大抵北軍重於南軍，故平、勃止得北軍，足以定大難。吕氏既失北軍，雖有南軍，無能爲矣。或者不察，乃以衛尉爲領南軍，中尉爲領北軍。按周勃既得北軍，便令衛尉無納吕産殿門，則衛尉隸北軍可知。中尉掌巡徼京師，乃督察長安盜賊事，王温舒嘗爲之，所治皆長安豪猾，全無一事關於宿衛。或者又以京城諸屯兵以校尉之屬。爲北軍。按吕后既以禄、産領二軍，臨終戒之以據兵衛宫無送喪，則二軍皆屯衛宫禁可知。又周勃既入北軍，便迤邐去殿門，入未央宫，則知爲宫門衛兵無疑。南北軍力，心膂爪牙之寄，一則以子弟郎從爲之，一則以郡國之民更番爲之，用見國家一體，兵民一致，必如是而後可以肅環列壯帝居矣。

又漢舉選法。

漢史，上而天文、地理有志，次而禮樂、刑法有志，又次而食貨、溝洫有志。選舉，大事也，而史獨無志焉。意者科舉未立，流品不分，取士之路廣，禁網疏闊，故史無得而志焉。今攷之紀、傳，侯王將相有辟舉，若給事、舍人之類，郡國有察舉，即孝廉是也；朝廷有特舉，若賢良、方正、茂才、異等之類，而又有舉於太常受業者爲博士弟子，即明經是也。其他任子雜流不與焉。夫漢自文帝十三年始有選士之詔，當是時，或家貧無行，不得推擇爲吏，或萬家之縣，猶不能舉一人以應令，是時鄉里之公議猶明，士猶知自重難進，朝廷選士，猶未有成法也。至武帝元光元年，因董仲舒建議，始令郡國舉孝廉，歲各一人，於是立爲定法，限以人數。然當時猶有闔郡不薦一人者，至勤詔書督促，元朔元年。由是不舉孝有論，不察廉有責，可見士安於鄉閭，無求舉覓舉之事。大抵察舉一科，惟施於郡縣吏。漢以文吏立國，故士皆從於郡縣小吏進才，經部刺史、二千石察舉，則以次遷爲令長，又次遷爲守相，駸駸公卿顯官，皆從此途出，往往養廉遠恥之意多，而偷合苟得之行少，雖不通於儒術，而亦不失爲節義有守之士。所以文、景、武、宣之世，人物皆有實用之才，往往多從察舉出。若夫太學明經之士，其不逮察舉遠矣。自武帝立五經博士於太學，置弟子員五十人，使士咸得詣太常受業，一歲一課，通一藝者授文學掌故，不能通藝者即行罷黜。其後公孫弘起自儒生，始爲其徒開升進之路，遂以爲補文學掌故者，厭薄流滯，不足以興起士風，於是大而九卿之卒史，小而郡縣之卒史，自明經選者皆得補而爲之。夫卒史，文法小吏耳，由明經入仕而反使爲文吏，若小貶矣。然漢法賤經生而貴文吏，故自文吏出者，皆榮進之路。是以終漢之世，利禄之門開，奔競之徒盛，而公卿宰相，彬彬多文學之士，若張禹、孔光之徒，皆持禄保位、患得患失之士，要其蠹壞儒生之心術多矣。吾故曰：漢選舉之法雖無其志，而得士爲最多者，莫盛於郡國察孝廉一路；若太學明經之選，則又其次也。

《漢・職官志》皆襲秦舊，如三公、尚書皆秦官，三公自立國之初已置，而尚書特始於武帝之時爾。三公號無不統，事皆決於三公，而三公之秩萬石也。宣帝時張安世以車騎將軍霍光爲大將軍，領尚書事，則知尚書乃典職樞機，與三公等。後漢和帝時鄧彪領尚書事，位在三公上。以此言之，尚書當與三公同其貴而秩直二千石耳。若曰職輕權重，則是尚未能與二千石比秩，而反在三公之上，何耶？

尚書，乃内庭之臣，與尚衣、尚方、尚符璽等同流，所職乃郡國會計、圖籍等書，或内外奏疏，本是猥屑之職，在人主左右供顧，故屬於少府，多是外戚及子弟濁流爲之，然以其親近至尊，爲人主私臣，號爲職典樞機，故自武帝後，其權寖重，往往諸將軍領之，故凡以大將軍、大司馬領尚書事，則權重於三公，而丞相始爲具官矣。尚書如何敢比三公？但以大司馬、大將軍之名則始爲重矣。尚書在文、景以前不多見，是時内庭之權未重，自武、宣以來，其權始重，率以外戚霍光諸人。及列侯子弟爲之，張安世。士大夫鮮有出此者。至元、成以後，始用儒生，故博士選三科，其高第者爲尚書，始有正員。由是張禹、孔光皆以師儒入典樞機，多者至十餘年，養成王氏之禍，其狼狽甚於雲山、恭、顯。成帝建始四年「罷中書宦官，初置尚書員五人」。注云：「常侍尚書主丞相御史事，二千石尚書主刺史二千石事，户曹尚書主庶人上書事，主客尚書主外官事。」此漢舊制，是爲四曹。成帝增三公曹，主斷獄事，是爲五人。

漢鬻爵之法。

漢初，賣爵入粟不入錢，賣爵不賣官，在文、景時可攷。至武帝，不賣舊爵，别立武功爵。此乃前術窮而更新一法。到此時，入緡錢矣，爵與官俱賣矣。此五大夫有爲吏先除之法，豈不是連官賣了？一夫之爵，直錢若干，今不可攷其級。爵止賣十一級，千夫爵是第七級，得除吏，第九級則免徭役。未知是否。又云：《茂陵書》只載十一級，其餘不見。十九級是關内侯，二十級是通侯。

攷《儒林傳》公孫弘新學法。

初，太常制法，其制有四，置博士弟子，則擇民間議狀之端正者補之，其郡國縣官有可取者取之，受業亦如子弟，至於一歲攷課，能通一藝者，補文學掌故，而高者則爲郎中。且掌故之職不一，有太常掌故，有治禮掌故，有太史掌故，有文學掌故，要之皆屬於太常也。而又有州郡文學掌故之爲官，其職之留滯甚多，其階之遷轉甚緩，通經之士得由郎中而進者，皆是右職，得爲掌故者，皆是滯選。蓋漢世士大夫除軍功外，多從刀筆吏出，而儒生率鬱滯不得進，於是公孫弘有優掌故之請焉。太常中治禮、文學掌故，凡其秩之比二百石，及吏百石之能通經者，補左右内史、大行卒史，秩之比百石以下者，補爲太守之卒史。太行卒史，即九卿之官卒史，猶今堂部令史也。太守卒史，猶今日孔目官是也。至於人衆而額少，不足以容之，又就文學掌故中選其優者，攢上一等，補九卿郎中、二千石待闕椽屬，其次補郡椽屬，卒史椽屬，雖非清選，却是仕途捷徑。自是公卿大夫，彬彬多文學之士矣，而儒生之心術亦自此而壞。班固以爲利禄之塗開者，蓋自公孫弘始。

漢武帝命唐都、洛下閎推算星曆，以爲合於夏正，改用《太初曆》。按自黄帝以前，調曆有《上元》《太初》等曆，今以合夏正而用《太初曆》，然則夏亦用《太初曆》乎？否也？前曆《太初》，既在四千六百十七歲之前，是洪荒時節。曆家推《上元》《太初》，謂四千六百十七歲已盡，都無絲髪餘，重新起曆，是時定十一月甲子朔旦夜半冬至，定日月如合璧，五星如連珠，乃新曆之第一日，故謂之曆元。漢元封七年，適當其時，故改秦曆用漢曆，改秦正用夏正，非謂夏亦然也。

雲臺二十八將，凡有功佐漢者，咸取焉。馬援以椒房不與，何謂也？而來歙有平隗囂之功，何獨不預？麒麟功臣，史謂以黄霸、于定國、夏侯勝諸名卿，猶不與，可以知其選矣。此語有味，安得人人而及之？但馬援以椒房之親，不得與，此却有意於公，未爲適義理之正。霍光不害爲麒麟之首。

漢宣帝之麒麟閣，明帝之雲臺二十八將，及唐太宗之十八學士凌煙閣，皆所以圖畫功臣也。惟觀漢之人主，務實不務名，唐之太宗，務名而無實，以許敬宗之姦佞，而與十八學士之選，以侯君集之小人，而與凌煙之數，皆失實也。不然，漢、唐之皆有得失否？

此未免以成敗論，所可論處者亦多，却不只在二子，二子不足爲輕重。唐學士之選，即淮南王安之招致賓客，羽翼既多，便有相軋之勢。凌煙雖祖麒麟、雲臺，然漢時却有教化之意寓其間，如以蘇武而預麒麟，以馬援而不與雲臺，此殆有深意，唐則無之。

唐《百官志》宰相之名、學士之職如何？

唐世宰相名甚不正。漢有相國、丞相之名，唐不設宰相之名，其意本以重宰相不輕授人，遂以三省長官中書令、侍中、尚書令唐太宗嘗爲尚書令，後改其名爲僕射。爲之，其後中書令、侍中、尚書令不除，遂有他官假有參議、參預之名皆爲宰相者，❶如杜淹，以吏部尚書參議朝政，魏證以秘書監參預朝政，❷於是宰相無一官不可爲。在太宗時有十來個宰相者，❸其後以宰相名號不一，遂有同三品、同平章事之號。夫既曰同矣，依舊不曾有正相。至明皇開元以後，又欲重宰相之權，而使兼領他使，時方用兵，則爲節度使；時方崇儒，則爲學士；時急用財，則爲鹽鐵轉運使；又其甚則爲延資庫使。❹其意本欲重其權，殊不知宰相無所不統，今乃下行有司，名爲重而實輕之。要之唐宰相之名，其初本欲重之而不肯輕與，而其後遂至於無宰相而他官皆得以爲

❶「預之名皆」四字，原注「闕」，明刻本漫漶不清，據元刻本補。

❷「證以秘書監」五字，原注「闕」，明刻本漫漶不清，據元刻本補。

❸「有十來個」四字，原注「闕」，明刻本漫漶不清，據元刻本補。

❹「甚則爲延」四字，原注「闕」，明刻本漫漶不清，據元刻本補。

之；又其後也至於無人不可爲宰相；又其終也宰相兼領他職，無異於有司。是以終唐之世，竟無真宰相，其弊皆起於宰相之名不正耳。至於學士之職，尤爲非正。大率制詔、誥命，合是中書舍人爲之。若夫學士名官，本以備遊宴之選，供翰墨之娱，如漢朱買臣、東方朔之輩，正是相從於文墨宴遊之末，不干預機務，猶未爲失。自太宗時，崇瀛洲之選，猶止以備燕見。又文書詔令，自是中書掌之，其後時召以草制，猶未有名號。自北門學士立於乾封以後，則學士之名寖重，至玄宗又置翰林待詔，掌四方表疏，批答應對，則學士預政，漸始於此。既而又以中書務劇，乃選文學之士，號翰林供奉，與集賢學士分掌詔敕。至開元二十六年，又改翰林供奉爲學士，别置學士院，至與宫妃相與往來，專掌内命，爲天子私人。凡拜免將相，號令征伐，宣麻制敕，皆由此出。於是以學士爲内制，中書爲外制，凡大除拜，皆出自内制；百官告詞，則出自外制。彼學士既得以侵中書之事，於是進退人才，機務樞密，人主往往與之較量，始干預朝政，事權日重，而學士之權至號内相，范《唐鑑》所謂：「中書門下，出納王命之司也，故詔敕行焉；明皇始置翰林而其職始分，既發號令，預謀議，則自宰相以下，進退輕重係之矣，豈特取其詞藝而已哉？」其説極是。要知唐學士之職，其初來本是供宴遊翰墨，而終至於干預政事，又其後也，宰相進退亦出其手，終唐之世，委任失人，而王伾、王叔文、李訓、鄭注之徒，皆得以竊國家之柄，其弊皆自明皇始。

唐制十八道節度，其後號九節度，其後河朔三鎮及四凶二豎之亂，可攷大略。

明皇天寶元年，置十節度經略使以備邊，曰安西，曰北庭，曰河西，以備西邊；❶曰朔方，曰河東，曰范陽，以備北邊；曰平盧，以備東邊；曰隴右，曰劍南，以備西邊；曰嶺南五府經略，以備南蠻。節度之立，其初固止於沿邊十道耳。自安禄山之亂，則内地始置九節度以討之，曰朔方、郭子儀。淮西、魯炅。興平、李奂。滑濮、許叔冀。鎮西、李嗣業。鄭蔡、李廣琛。河東、李光弼。澤潞、王思禮。河南，崔光遠。内地之置節度，其初猶止於九道耳。自朱氏之倡亂中原也，則自國門之外，皆方鎮矣。蓋其先也，欲以方鎮禦四夷，而其後也，則以方鎮禦方鎮。十道既已兆亂，則内地必置九道以除其亂。九道又兆亂，則關外近郡，又不得不置矣。至代宗廣德元年，以田承嗣爲魏博節度，李懷仙爲盧龍節度，李寶臣爲成德節度，是謂河北三鎮，各有其地，其風俗獷戾，過於夷狄，吾知其河北之地，非復朝廷有矣。至於大曆九年，相推戴而謂之四王，朱滔稱冀王，田悦稱魏王，王武俊稱趙王，李納稱齊王，李希烈又以淮西稱帝，朱泚又以關中稱帝，裂土假王者四凶，滔天僭帝者二孺，紛紛藉藉，不知其幾也。蓋唐之亂，非藩鎮無以平之，而亦藩鎮有以亂之。其初跋扈陸梁者，必得藩鎮而後可以戡定其禍亂，而其後戡定禍亂者，亦足以稱禍而致亂，故其所以去唐之亂者，藩鎮也，而其所以致唐之亂者，亦藩鎮也。試以其一二論之，安史之亂，懷恩平之也，而留三鎮以遺患者，亦一懷恩也。將兵至京師，冒雨寒而來，姚令言之功也，而所以迎朱泚而趨京師者，亦一令言也。擒子期、破田悦者，李寶臣之功，而釋承嗣以爲己資者，亦寶臣也。卒至於終唐之世，莫敢誰何者，由三鎮始也。

---

❶「以」，元刻本、明刻本作「亦」。

唐初邊防鎮守皆有使，而道有大將，曰大總管，已而更曰大都督。高宗永徽以後，都督帶使持節，始謂之節度，然猶未以名官。至睿宗景雲元年，以幽州鎮守薛訥爲節度使，而節度使自此始。至明皇天寶元年，置十節度經略以備邊，如安西、北庭、河西、朔方、河東、范陽、平盧、隴右、劍南、嶺南，凡十道，皆爲備西、北、南三邊設，皆使自治，所領諸州，練習士卒，故士卒亦樂爲用，而唐之備邊有賴焉。然唐初邊帥，皆用忠厚名臣，不久任，不遥領，不兼統，不以大臣爲使以制之，而節度有功則入相。自開元中，天子事征四夷，始有邊將久任十餘年不易者，有皇子宰相遥領者，又有以專制數道兼領者。蓋李林甫欲固相位，遂謂文臣不任邊事，欲用胡人習邊事者爲節度，以塞節度入相之路，有功者皆得兼領，如安禄山等，皆是胡人爲節度，禄山亦有邊功，遂得專制范陽、平盧、河東三道，以致兵盛勢强，遂成天寶之變。禄山死，史思明又輔其子安慶緒繼叛，而其他節度，大抵皆安氏黨與。至肅宗乾元元年，更置九節度，朔方則郭子儀，淮南則魯炅，興平魯炅，滑濮許叔冀，鎮西李嗣業，鄭蔡李廣琛，河南崔光遠，河東李光弼，澤潞王思禮，共九道之師討慶緒，又不置元帥，無所統一。慶緒死，史思明繼叛。思明死，子朝義繼叛。至代宗時，僕固懷恩以其女爲公主，妻回紇之故，遂得回紇之師平史朝義，僕固懷恩自以功成身危，幸變爲資，於是請以安、史手下許多降將，分居安、史故地，田承嗣爲魏博節度，李懷仙爲盧龍節度，李寶成爲成德節度，河北三鎮自此始，其他以薛嵩領相衛，大抵率用降將爲之。自此以後，三鎮或世襲，或易姓，兵連禍結，朝廷亦無如之何，依舊賊還賊捉，又自是三鎮中賊將自與朝廷平討，往往亦時有功，一有功又自叛據，如田悦拒命，朱滔討之，滔一請深州不許，便與成德王武俊合從於田悦，田悦得朱滔之救，便與武陵奉滔爲王，於是又與平盧李納相扇而起，滔稱冀王，田悦稱魏王，王武俊稱趙王，李納稱齊王，是謂四凶。聞淮西李希烈軍盛，又相與勸希烈稱帝。當是時，犯京之兵，朱滔、希烈爲盛，朝廷盡關輔京城之兵以討之，是以陸宣公恐兵皆在外，患生蕭牆，勸德宗收兵歸關，以諸叛賊委之馬燧、李抱真等，而德宗不聽。先是，朱泚來朝，朝廷疑之，遂留之京師。及是時，李希烈圍襄城，涇原節度姚令言本以勤王之師至京師，因犒賞菲薄，兵衆自亂，乃謀迎朱泚爲主，遂有奉天之幸，果不逃宣公所料。後來李懷光以盧杞不令入見天子，遂與朱泚合謀，而朱泚亦稱帝。是與李希烈共爲二孺。自此以後，盧龍、魏博、淮西雖在中土，其世爲叛逆，與蠻夷無異，不復知有朝廷矣。是時自京師之外，處處如邊陲相似，處處是節度使，於是節度滿天下，而唐之亂甚矣。至憲宗僅能一平河朔，至文宗復失之。大略唐之節度，本以備邊，後來沿邊人自爲寇，國自爲邊，朝廷所立節度，反以備内而非備外矣。

漢武置十三州刺史，與今監司同否？

漢刺史，政今日監司，但刺史秩卑而權重，止六百石。史秩卑則激昂。却慮其權太重，故止以六條問事，今日秩崇而權分。秩崇則養尊不事事，權分則法不舉。

漢禄秩等數，如何只二千石？無數樣？

漢秩，自太常至執金吾，秩皆中二千石；太子太傅至右扶風，秩皆真二千石；西域都護至駙馬都尉，皆比二千石。此漢秩然也。漢禄丞相、大將軍，號萬石，俸三百五十斛；至佐史，俸月百八十斛；二千石，俸月百二十斛；比二千石，俸月百斛。至後漢延平中，中二千石俸錢九千，米七十二斛；真二千石錢六千五百，米三十六斛；比二千石錢五千，米三十四斛。此漢禄然也。後漢俸禄，半錢半穀。二千石以下，則有千石、八百石及六百石。又其下則有五百石至百石，直郡縣之小吏耳。若二百石以上，則曰長吏，如令丞是也。至六百石，始通爵於朝，如今選人之改京秩是也。中二千石，乃九卿爲之，下三公一等，非他二千石比也。只以俸禄言之，中二千石與真二千石倍爭。

尹翁歸以高第，入守右扶風，滿歲爲真。韓延壽入守左馮翊，滿歲爲真。真之制如何？

有真二千石，有中二千石，有比二千石，均二千石也，而有三等，惟真者，歲俸方滿此數，餘皆虛號耳。

高帝入關，約法三章，悉除秦苛法，至於收孥相坐之律，誹謗妖言之罪，待文帝而後除，何也？

《刑法志》云：「三章不足以禦姦，於是蕭何攈摭秦法，作律九章。」想諸將繼叛之後，此等法仍用，至文帝方盡除耳。

《漢書》高帝元年冬十月，五星聚于東井。攷之曆云：太白辰星去日，率不能一兩次耳。《月令》：「孟冬之月，日在尾。尾，析木之次也。析木去東井，隔五次。」若然，則金、水二星，安得復在東井？

五星活物，盈縮、見伏、遲速至無常，天文家謂之五緯，言其往來無常所也。然雖往來無常，依然有法可候會，當聚時即聚，爲軌度，但所聚之次有休咎不同，若聚于東井，即爲休證。

「越德歲而吴伐之。」越是時何謂德歲？晉太和五年，秦滅燕，黄泓、趙秋以爲福星在燕。何謂福星？德歲，謂歲星。即木星。古分野得名，皆以侯國始封之日歲星所次，故因以爲分野。以此知自古天文家常以歲星所在占吉祥。今歲星正次越分野，足知吴之不能爲也。福、德恐亦歲星之吉卜。

《律曆志》云：「非黄鐘而他律，雖當其月，自宫者則其和應之律有空忽積微。」不知所謂空、積者如何？律法，唯黄鐘之宫，五聲皆正聲，皆全數，如九寸、六十四、八寸、六寸、八十一、七十二、五十四、四十八之類，是謂無空忽積微。若其他十一宫，未必皆正聲，或變或半，皆全數，故有空忽積微，如大吕，言八寸二百四十三分寸之一百四，除八寸是實數也，外言二百四十三分者，皆空積也，寸之一百四者，忽微也。蓋虚起此筭，數其空積甚多，而所得甚微細也。

高祖大封同姓，卒有尾大不掉之患。高祖明達，何不慮此？懲戒亡秦孤立之弊，故大封同姓。聖人謂百世損益可知，此類是。周以封建亡，故秦必損之。秦以不封建亡，故漢必益之。事勢相因，必至於此。兼漢初户口減少，封諸王時，計户而不計地，故封三庶孽，分天下半，其後户口日蕃，所以彊大。

劉濞之王吳，高祖知其必反，而復遣之，何耶？

此高祖德性規模所以大於唐太宗、漢光武，二君以讖緯殺了多少人。

高祖大度，世率以爲光武不可及，至其誅韓、彭、英、盧事，反不若光武之全功臣，何也？

高帝是天然大度，其弊至於任情。光武法高祖大度，其終却能矯弊。

漢高，人謂其寬仁長者，韓、彭、英、盧，曾未免於誅死，何耶？

方事之殷，能奪諸公死力，是高祖善將處。及事之定，置諸公於死，即將將之餘習未忘，寬仁本其天資，殘忍是無學問。

高帝不免韓、彭之誅，而光武乃能全功臣之世。

此大有説。一則逐鹿之勢，外相臣服，事定難制；一則祖宗之業，名位素定，事已相安；一則草昧功臣，豪傑難收；一則中興功臣，謹守規矩；一則大度中有嫚罵之失，人心素疑；一則大度中能動如節度，人心素定；一則刼其死力，封爵過度，不計後患；一則赤心在人，監戒覆轍，務在保全。

高祖之斬丁公，義矣；而項伯之封，非也。然微項伯，則天下非高祖有，又豈可不有以酬之？二人事本相類，但項伯初無稱功之意，封之出於帝心，丁公未免有望報，故爲帝所薄耳。要之凡適相遇而能出人於險者，皆不當以姓名聞，以姓名聞，則敗矣，況有德色乎。

漢文之仁，至景帝而衰，何以漢言「文景」？武帝虛内事外，漢祚幾亡，何以列在七制？景帝好處，只是不改文帝恭儉。武帝好處，只是晚年一悔。凡並稱者，皆喜配之辭，其實喜生於不足。如言「蕭曹」，曹本劣於蕭；如言「韓柳」，柳本劣於韓。七制列武帝，緣宣帝以匈奴來朝，故大先帝之功而宗之。王通亦因其帝制云耳。

晉文忘從亡之功，漢文修代來之功，其推恩與否，有可言者。晉文才入國，便賞從亡者，偶忘介子耳，雖覺示人不廣，然晉文間關十九年，所以能興國者，盡諸公之力，且又多賢人，故得國之後，可以共爵禄。若漢文入繼，皆平、勃諸侯王之功，而首修代來之功，又張武等皆庸才，而各親其親，此却示人不廣。

漢文殺薄昭，李德裕以爲殺之不當，温公以爲殺之當，未知孰是。雖未免少恩，然以文帝仁厚之資爲之，乃是借一人以行法，於仁厚中有神武焉。薄昭事，無正史可攷，《通鑑》所載，乃出《漢紀》注中。

漢文時，吴王不朝，賜以几杖，此與唐之陵夷、藩鎮邀節旄者何異？不幾於姑息之政歟？

文帝是純任德教，權綱在上，伸縮由己。唐一向姑息，權柄倒持於下，予奪由人。兩事不可同日語。

肉刑始於苗，堯因之而不革，更虞、夏、商、周而又不革。漢文以一女子之言而革之。何唐虞三代不知出此，文帝除之而刑亦措，何耶？

先儒謂井田、學校、封建、肉刑四者，廢一不可。不知秦變古法，凡古人教民、養民處，掃地不存，單獨留肉刑以濟其虐，雖微文帝，必有變之者。此蓋損益盈虚，理勢必至，能通變宜民，雖成、康復起，不能易也。

漢文平生所爲，大抵出於黄老，至其得力處，亦是黄老，不聞有無情少恩之病。

文帝天資粹美，却能轉得黄老不好處作好處。景帝天資刻忍，却將黄老好處轉作不好處。

惠帝減田租，復十五税一。夫漢之初興，今年復田租，明年復役事，而又十五税一，儉於周什一之税。然當時太倉之粟，陳陳相因，未審何以致此。

文、景減田租事尤多，或三十而税一，或減租之半，或盡除之，所以致富庶者，人主恭儉寡慾，無兵革之事，故百姓亦皆富庶。

武帝虛内事外，漢祚幾亡，雖輪臺之悔，亦晚矣，安得預七制之列？七制，想自文中始。文中本無大見識，因取其制詔以續書，故尊之，但武帝征伐四夷之功，雪祖宗之恥，自宣帝時已定其廟爲世宗，其後議宗廟者，比之武王，係不祧之數，則其子孫之意也。

光武之失，正在攬權，而史乃稱其總攬權綱，舉無過事，何耶？

光武再造於僵仆之後，如何不總攬權綱？但末流之弊，至不任三公，乃矯枉過正，非謂全不是。

孝宣輕德教而雜霸道，用法吏而任刑名，趙、蓋、韓、楊之誅，似近於虐也，乃有務行寬大之稱，何耶？寬大之詔，盛美生於不足。

孝宣綜名實，而王成以僞增户口褒賞，遂起天下俗吏之僞，然綜覈者安在？刑名術數之家，各是執一實以御百虛，老蘇所謂人服吾之識其一，而不知吾之不識其九也。宣帝殆用此術，間有受人欺處，不害他大體也。

宣帝時，王吉言請除任子之法。不知漢任子自何官可任，何官不可任，中間廢置增損如何？漢法任子，多是爲郎，或父任，汲黯。或兄任，霍光。或異姓任，諸侯王得任異姓。見《汲黯傳》尾。次第必二千石以上方可保任，故董仲舒謂今郡縣長吏，多出於郎中、中郎或二千石子弟。蓋長吏多自郎選，而爲郎者率二千石子弟。郎選，不以父任，則以家貲，多出此二途。

史氏謂陳勝諸故人皆引去，無親勝者，與諸將不親附，此其所以敗也。此是勝之節目。先儒乃謂勝之亡，其大體不在是，勝與吴廣同功一體，田臧擅殺吴廣，勝不能制，則紀綱掃地，脣亡及齒，此勝之不能自存。然否？

勝、廣爲救死無策，故判命出此，姑延一旦之喘息耳，即不須以綱紀畫略望他，亦不須以興亡成敗論他，但先史義其爲豪傑首事，故於其亡也，再三致意焉，猶曰：是秦民之湯武耳。

高祖曰：「項羽有一范增不能用，所以亡。」夫項羽之失無數，初未聞范增之有諫。使項羽而終用范增，又將如何？

係興亡處，但看人物有無，是第一節，范增，豈三傑比耶？但就項羽人物言之，猶有此人耳。

蕭何收秦圖籍文書，説者謂相漢狹隘者以此。然使當時不得此書，高帝必不知天下之户口阸塞，漢之爲漢。史悉載而《通鑑》黜之。至武帝之乞漿逆旅，明皇之洗兒賜錢之事，亦污穢矣，漢、唐二史不録而《通鑑》載之。一去一取，未知孰是。

良之謀，以子劫父；崇之策，以臣要君：皆不可以爲訓，故温公不取。武帝微行，自同匹夫；明皇宣淫，見愚降虜：皆天奪魄，可爲後監，故温公備録。

丙、魏優劣如何？

以相業言之，則魏優於丙；以德性言之，則丙優於魏。

河南守吴公治平爲天下第一，班固何不録之？《循吏傳》又言吴公學李斯刑名，安能爲天下第一？文帝恭默躬行，不好刑名，故一時人物，皆篤實務内，所以史無可書之事，其學果爲刑名與否，則不可知。然漢人物皆屈頭擔重擔，却不論他學術，文帝本好刑名，不害爲仁。

東漢黄憲，或謂其資禀似顔子。使其得聖人爲之依歸，還如何？

東漢人物，大率尚名高，崇氣節，憲獨冲然退然，所以見者服其深遠，恐亦是天資如此，所謂得聖門學問，未知其如何。

賈誼請文帝興禮樂，易服色，以其無周之文也。仲舒請武帝損周之文致，用夏之忠。二子之言，孰切時務？

二子之言，皆是欲時君反秦正朔，建漢正朔。其後當武帝太初元年，始改用夏正，建漢正，用二子之言也。

昨觀後漢趙苞守遼西，遣使迎母，而鮮卑入寇，苞母見刼，載以擊郡。當此之時，忠孝兩難，將追戰歟，則疾視其母之死；將就母歟，則有虧事君之義。如何？

「艮其背不獲其身，行其庭不見其人。」有時身在面前，不曾見；有時人在面前，不曾見：只爲道理各有所止耳。當趙苞之時，見君而不見母，誠秉此心，有時邂逅可免。蓋致死則敵猶有所畏，漢高祖是。但艮止之義，不當如此計較耳。

巫蠱之禍，雖江充之譖，亦戾太子矯制，有以滋後來之變否？

武帝求長生，故猜疑太子。太子通賓客，故不受父命。看史當尋脈理，不可只據目下説。

張釋之爲廷尉，天下無寃民。于定國爲廷尉，民自以爲不寃。若趙、蓋、韓、楊之死，謂之不寃可乎？或者説宣帝時，廷尉不獨一于定國，雖不獨在定國，而定國坐視四子之死，亦不能效張釋之之守法，如何？

漢公卿有罪，未必悉下廷尉，自有詔獄，多丞相、御史大夫治之，或下中二千石雜議。廷尉所謂平者，非必皆寬縱之謂，剛不吐、柔不茹者，平也。趙、蓋、韓、楊之死，今作文人但浪説耳。

天下之患，莫大於本小末大。周之内輕外重，宜若難久而卒綿遠；漢之内重外輕，宜若足以相制而猶有七國之禍，何耶？

周雖諸侯彊大，猶能支吾數百年，先史喻爲百足蟲，所以難死者，扶之者多也。漢七國之禍，亦自外重，自此以後日輕矣。

《春秋》之義，不以家事廢王事，以漢丁鴻之就封爲是，伯夷不受國爲非。伯夷處人倫之變，當如此自處，若無故之讓，則伯夷之罪人，丁鴻所以得正也。

漢高祖爲義帝發喪，與曹操挾天子以令天下，未審如何。

爲義帝發喪，因人之短而執之；挾天子以令天下，負己之有而挾之。雖皆詭之爲名，但一則豪傑起事，舉動光明；一則奸雄不軌，蹤跡暗昧。爲義帝發喪，無君之罪在項羽；挾天子以令諸侯，無君之責在曹操。

義帝已立，縱使羽不殺之，下來漢高將如何區處？

要之天運在漢，所以項羽自殺了義帝，小人枉了做小人，漢高因之爲資，縞素發喪，君子贏得做君子。

阻三面而守之以一面，東制諸侯，此關中之形勢。然漢高道南陽，過酈析以叩武關，而關中無擊柝之限，既而從山東之師，稍益以關中之士，固守謹關而項羽圍入之，及其領漢蜀之封，地形少痿矣，乃由故道以定三秦之壤。夫以天險不可升之勢，而楚漢分争之始，或自東南而入武關，或自西南而抵陳倉，或自東方而越殽函，何耶？

自古入關有三道，一自河北入，爲正道；項羽、漢光武、安禄山。一自河南入，爲間道；漢高祖、桓温、檀道濟、劉裕。一自蜀入，爲險道。漢高祖關中由中道入巴蜀爲漢王，已而又從此路出定關中。諸葛亮亦從此出師。關中雖號天險，豈無可入之道？第不比他戰場，可長驅而進耳。

巴蜀四塞，非進取之地，惟一江陵。然諸葛亮不勸先主都之，及關公之危，又不聞救之，何也？

江陵屬荆州，武侯首陳取荆州之策，先主不能用，其後争之於吴而不得，吴止分數郡以與之，至關公之敗，并數郡而失之，況得而都之邪？況荆襄爲南北咽喉，在三國爲必争之地，乃戎馬之場，非帝之都也。

蜀先主以國委孔明，無言不聽。伐吴之役，先主誠失計也，而孔明曾不以爲非。及其既敗，乃曰：法孝直若在，必能制主上東行。何孔明不能諫於知己之主，而猶有待於孝直也？

只緣孔明規模在據荆、益，方成伯業，以荆州爲必争之地，争而不得，後方悔耳。

諸葛亮在三國時，蓋人才之巨擘也。觀其治國行師，屢以無糧退，豈其糧儲責備之不多耶？豈其漕運之不繼耶？蜀以失荆州，欲出關洛無路，不免崎嶇，子午谷、大散諸關阨中，運糧最難，卒以此困。

唐太宗規模不及漢高祖，何以見之？漢高事事不能，只有一個帝王器度，本不擬到此地位，自是天人推出來，所以規模比三代。太宗事事了得，本是唐之第一君，爲其必欲做帝王，不待天人自安排，所以只做得魏晉規模，只看建成、元吉事。

唐太宗恭儉不若孝文，而功烈過之。范《唐鑑》。三代而下，英主無出文帝，太宗止做得創業功臣，君德上可議處甚多，不止恭儉。文帝不是無功，但當守文時，故不以征伐顯耳。太宗只是削平蕩定之功，而德在人心處少。

唐太宗誅高德儒之諂諛，薄宇文士及之不忠，豈不知姦邪讒諂之士，不可厠文墨議論之臣，而定十八學士之選，而許敬宗之奸，獨録而不棄，何耶？知人甚難。太宗不但失於許敬宗，以李勣可任大事，此失之尤者。

范《唐鑑》譏太宗曰：「陷父之罪，脇以起兵。古人行一不義而得天下，弗爲也，太宗終守臣節，可也。」愚歷觀唐史，隋煬帝既遣江都之使，唐高祖不宜坐處夷滅，況大業之末，生民塗炭，太宗苟不爲此，必無以濟蒼生之困。范氏正大之説果可用否？使聖賢處此，當守臣節乎？將權以濟事乎？孤隋之暴，何止桀紂！若欲行湯、武之事，但當正名弔伐，不當自陷於盜賊之地而脇以起兵，以斯舉事，是以亂易亂也，大桀小桀也。惜乎，太宗有濟世之志，傷於欲速迫切，反以堂堂禮義之師，自陷於亂臣賊子之倫，乃是將官鹽作私鹽賣了。世上有理明義直之事，只爲學術不正，舉動不明，便壞了事體。

唐明皇開元、天寶之治，何始之不克終耶？

開元之世，乃無妄之時，雖四夷時有不靖，乃無妄之疾，緣小人以邊功動之，致令邊釁一開，生出萬端病痛，乃無病服藥之故。

晉殷浩、謝安，少有重名，方其隱而未用也，人皆以公輔期之。或曰：「深源不起，如蒼生何！」或曰：「謝安不起，當如蒼生何！」及其既用也，謝安却苻秦，安晉室，功業亦可無負，而殷浩舉兵北伐，師徒屢敗，桓温因朝野之怨而廢之，如棄草芥。夫人之擬二子則同，而二子事業何其相遠？

東晉諸賢，大抵務養名節，不務實用。幸而成功，則爲謝安；如其無成，則爲殷浩。然安能矯情鎮物，浩則遇事周章，較是輸他一著也。

桓温伐秦至灞上，伐燕至枋頭，父老皆有復見漢官威儀之歎，而温志在鴻鵠，遂以失之。其後劉裕既入秦，亦有南顧心，遂爲赫連所奪，其罪與温一也。雖然，自古南北分争，若隋，若我宋，皆以北而并南，未能以南而并北方者也，豈亦事勢使然，固不可盡罪二人乎？

邵康節云：「天下有道，地氣自北而南；天下無道，地氣自南而北。」南方非不可用，但多非文明之時耳。

商君初變法，秦民不悦，言不便者以千數。令行之後，秦道不拾遺，鄉邑大治，秦民後來言令便。請問其故。

始言不便，猶是三代直道之民，終復言便，則戰國刑戮之民矣。不下毒手，如何得他合口？當看商鞅行法始末。

秦謫戍法：先發吏有謫籍及贅壻、賈人，又父母有市籍者。所以重困商賈。何故？

秦自商君立法，欲民務農力戰，故重耕戰之賞，以商賈務末，不能耕戰，故重爲謫罰以抑之，所以立致富强。

秦焚書坑儒，如何却猶有三老以掌教化？而二世猶召博士諸生問狀耶？

秦雖無道，人心道理自不可泯，雖縱作横作，滅不得許多道理。聖人所以言：「繼周之後，百世可知。」

漢史上自天文地理，下至溝洫刑法，皆爲立《志》，而選士之法最爲近古，何乃不爲立志？《漢書》缺處：典兵無志，選舉無志。爲太史公未作得此二書，故孟堅因陋就簡。

太史公作《史記》，上自唐虞，而八書之作，止言漢事。班孟堅作漢史，合紀漢一代事，而乃作《古今人表》。八書未必皆言漢事，獨《平準書》專言武帝，其贊却説古今。漢志雖爲一代作，然皆自古初述起，獨《古今人表》專説古而不説今，自悖其名。先輩嘗譏之，中間科等分别人物，又煞有可議，此却班史之贊，畫蛇添足。

「太史公」之號，或以爲武帝所置，或以爲東方朔尊美其書，從而加之，或以爲遷尊其父。其説孰是？太史公是掌律曆之官，本傳謂典天官，而遷亦謂「文史星曆，近乎卜祝」，是太史掌漢律曆可知。居史官之太史令，遷嘗爲之，位在公卿之上，雖未可知，但自來曆官居卿以上，底令雖非卿而位比於卿，其他不足論。公，特其子尊之耳。

《史記》云：「孔子墮三都。」攷之經傳，墮郈，墮費，固有之矣，而圍成，則不克成功，未嘗墮也。況成出於魯定自圍，非孔子也。兼《左氏》亦曰：「將墮三都。」未實其言。《史記》果何所據而言耶？

嘗聞之晦翁云：「斯至是始覺，遂不肯墮成，使齊不歸女樂，則成亦墮矣。」

賈誼陳《治安策》，論民俗奢侈，盜賊乘時而發。夫文帝躬修玄默，移風易俗。以誼言觀之，所謂「移風易俗」者安在？

誼煞有疏密太過處，唯文帝能受盡言。史臣謂誼之言，亦略施行，文帝風俗好處，誼不爲無助。

良、平，漢之功臣也。十八侯之次，良、平何以不與？高后四年，差次功臣，其位愈下，何歟？漢封功臣，其盟誓之辭曰：「非軍功不侯。」於軍功中又三事最重，一曰從起豐沛，二曰從入關中破秦，三曰從定三秦。十八侯位次全論此三事。良、平皆後附，良雖從沛公，但其時自有故君韓氏。所以不在此數。又良、平皆帷幄謀議而不履行陣，所以諸軍功者率在先。

黄老，清淨無爲之學也。申韓之學，出於黄老，流入於刑名慘刻，前輩謂無情之極，至於無恩。然否？才無情，便無恩。意脈如此。

高帝只因請苑事，便疑蕭何欲置之辟。光武於馮異，或譖其威權太重，百姓歸心，而帝信之愈篤。何高帝之介，介於其小，而光武乃釋然於其大？

高帝因諸將而疑元臣，光武鑒往事而全功臣。

漢有中朝，不知昉於何時。孟康於劉輔注曰：「大司馬、左右前後將軍、侍中、常侍、散騎諸吏，爲中朝。」堂上推云。皆加官於正官銜上，帶此之謂加官。然則輔繫獄，中朝官上書論救，而光禄勳、太中大夫皆預。及謹咸拜光禄大夫、給事中，翟方進奏咸云云，不當蒙方正舉備内朝官，則又孟所注有不同者。中朝，想古燕朝，謂之内朝。中間官職謂之中朝，皆給事於中者也。光禄大夫、給事中，皆加官，出入内朝之燕私者也。漢時猶以士夫爲之。至唐，則全用宦官矣。可看《百官表》。

蕭何未央之營前殿，建北闕，周匝二十重，九十五步，街道周迴七十里，臺殿四十三所，宫門闥凡九十五，壯麗如此，宜高帝之所以怒，温公譏其非。元城乃以爲蕭何堅漢高都長安之深意。當從何説爲正？高帝都關中之意，猶豫未決，蓋嫌殘破故也。何大建宫室以轉其機。至其自夸壯麗，今人皆知其無識，不知何不欲以據形勢，定根本，正言於高帝，恐費分疏，姑假世俗之言，以順適其意。與買田宅自污意同。

高帝爲義帝發喪。

高帝之爲義帝發喪也，三軍縞素，天下之士歸心焉。雖然，帝亦詭而用之耳。夫帝之於懷王也，君臣之分未定也，生則未嘗以天下之義主而事之，死則以爲天下之義主而喪之。此蓋項氏之短，而大其辭以執之，是三老、董公之善謀，豈出於帝之本情哉？古今之名義，有不本於夫人之本情，而英雄豪傑，或詭之以濟事者多矣。齊威會王世子於首止，情不出於世子也。晉文朝天王於河陽，情不在於天王也。利在世子，則尊世子；利在天王，則尊天王；利在義帝，則尊義帝。其詭而用之，則一耳。

高帝約法三章。

沛公之始入關也，與秦父老約法三章。是時沛公猶未王關中也，而輒與其民私約如此，殆類於兒曹嘔呴之爲者，❶雖雌雄未定之時，務爲寬大長者以媚悦斯民，孰不能者？及項氏既滅，天下一家，正高帝創法定令之時也，而三章之法不移如山，豈兒輩呴嘔之恩，❷姑以媚悦於一時者哉？使其仁心仁聞出于至誠憐恤之意，雖草莽私約，遂以爲漢世不刊之典，真主一言，其利溥哉。❸

馬遷既漢武時人，必能詳記武帝故實。及觀《武紀》，止言封禪、禱祀、神仙、方士等事，他全不及。至八《書》中，固有略及武帝者，然《封禪書》不過又述《武紀》所言，《平準書》又何獨詳述武帝生財法？至《律

❶「呴」，元刻本、明刻本作「呴」。

❷「呴」，元刻本、明刻本作「咆」。

❸「溥」，元刻本、明刻本作「博」。

書》言兵，又止言文帝，而不及武帝。遷謂夫子《春秋》，於定、哀也則微，亦須略舉宏綱，而或詳載，或不載，既自不同，若《武紀》，猶可疑者，敢問。

《史記》，不專爲漢史，乃歷代之史，故其紀漢事略於《漢書》，❶而紀武帝事獨詳，若《封禪》《平準》二書，雖謂之南史家風可也。

周勃、霍光，在漢均有擁立之功，優劣如何？

霍光仗忠義，舉動光明；平、勃任智術，蹤跡疏昧。

漢七制，景帝、昭帝何爲不與？唐三宗，宣宗、武宗何爲不録？

景帝天資刻薄，無人君之度，但以不失文帝之恭儉，故史人之辭稱曰「文景」。昭帝雖聰明蚤成，而享國不永，所以不在七制之數。唐三宗已不似漢，更添宣、武何爲？

高祖既約法三章，如何後來蕭何作《律》九章？

三章是草莽中一時要約，如何盡得世變？後世自合隨時損益。蕭何九章，猶未失高祖寬仁大意，至武帝三

❶「事」，原作「書」，據元刻本、明刻本改。

百五十九章，則浸失初意。

高祖之興，計謀有人。今光武之起，既身爲之謀，又身爲之戰，遂復故物。馬援乃以爲光武不及高帝。意者用人者大，自用者小邪？

光武、太宗，身經百戰，真千古英雄之將。所以不似漢高者，蓋漢高不能爲將，而善將將，此光武、太宗所以見容於漢高也。

漢立五經博士，遺其一者何經？

《周禮》未立學官，漢末劉歆方發明此書，説與王莽壞了，後人遂以爲《周禮》爲傅會之書。後漢三鄭出來，其學方明，其書方行。

內政何名寓軍令？

自伯圖之興，大抵兵不詭則不能謀人國，政不詭則不能自謀其國。故《春秋》善戰者，兵有所不交；善詭者，城有所不守。詭道相高，求以得志，乃於治民之中，而默寓治兵之法，陽爲治民以欺其人，陰爲治兵以壯其勢。其言於威公曰，「君欲正卒伍，修甲兵，大國亦將修之，而小國設備，則難以速得志，不若隱其事，而寄其政」，於是「作內政而寓軍令」焉。今觀自五家爲軌，軌有長，積而至十連之鄉，鄉有良人，以爲內政，自伍人爲伍，軌長率之，積而至於萬人爲軍，五鄉之帥帥之以爲軍令，名爲内政，實則軍令寓焉。寓之云者，猶旅之有寓，非其所居而暫居之謂也。夷吾志在强國内政之作，豈在於民乎？特假内政之名，以行軍令耳。是故外假王政之名，内修强國之利。夷吾巧於用詭，固如是哉！嗟乎，有爲爲善，雖善實利，有意爲公，雖公實私。成周自五家爲比，至五州爲鄉，居民之法也，自五人爲伍，至五師爲軍，舍萬民之法也。其事暴白於天下，而無非王道之公。夷吾之法，能髣髴其一二矣，獨奈何以詭道行之，以欺其隣國，則安得不爲伯者之私哉？

秦自稱水德。

五德之運，其誰爲之乎？自秦用方士之言，以周爲火德，推五行相勝之法，自謂之水德，則是秦首倡其端耳。漢人或竊其餘論，反擯秦而主漢，則張蒼謂漢爲水德是也。或祖則餘論，遂舉漢以繼秦，則賈誼、公孫弘之流，謂漢爲土德是也。或祖竊其餘論，而兩皆不用，更爲相生之術，上推包羲，下至周、漢，而擯秦不數者，則歆、向父子，遂謂周爲木德，漢爲火德是也。夫秦自稱水德，則是始皇之妄自尊大耳。後世設以始皇爲是耶，當祖而用之，如賈誼、公孫弘輩可也；設以秦爲非邪，當汛掃其不經之談，明先王之道以道之可也。今張蒼、歆、向之徒，既竊用其説，又從而非議之，反擯秦於不數，則是衛輒自謂之嫡孫，欲以竊據正統，而反擯其父不納也。夫輒之所以得謂之嫡孫者，以其有父爲世子也，既不父其父，則不得謂之嫡矣，尚可據其位乎？五運之所由倡，以秦倡之耳，既擯秦不數，而漢獨何所承乎？此皆漢儒欺天罔人之論，而班固不察，又真以漢爲得天統也。夫所謂天統者何也？昔周公營洛之議曰：有德者易以興，無德者易以亡。孟子定于一之論曰：不嗜殺人者能一之。又曰：三代之得天下也以仁，其失天下也以不仁。此天統之説。外是而謂之天統，則如秦之自稱水德可也，如張蒼之稱漢爲水德亦可也，如賈誼、公孫弘之土德可也，如歆、向之火德亦可也；尊秦可也，擯秦亦可也，自尊可也，人尊之亦可也，要之不得爲天統，則一耳。

趙長平之敗。

長平之敗，豈不哀哉！此不惟一，趙括之兵端一開，平原君實爲之也。蓋當是時，秦嘗有事於魏、韓，而馮亭欲嫁禍於隣國，故以上黨自歸於趙。夫秦拔野王，而上黨路絶，是上黨之在韓也，有已亡之形，而秦有垂得之勢。今韓以空名歸趙，實欲嫁秦兵於趙，此蓋馮亭狙詐之術耳。夫秦日夜勞心苦力，以蠶食於韓，今上黨有垂得之勢，而趙乃欲安坐而利之，則雖彊大不能得之弱小，而弱小固能得之强大乎？且無故之獲，有道之所深憂也，非望之福，哲人之所甚禍也。平原不見天下之大勢，暗於狙詐之術，棄龜鑑之名言，而自速危亡之禍，則長平之敗，豈獨趙括爲之哉？

趙括。

趙括，虚張無實，言大而才疏，其父母知之，趙廷之臣知之，而敵國之人亦知之，獨其君不知之者。蓋當是時，應侯行千金於趙，以爲反間，是必左右近臣陰受秦賂，相與蒙蔽主知，故其君不悟至此。人多以名用人，失之趙括，不知括之在趙，未嘗以名聞也。使括而以名聞於趙，則秦當忌之矣，而胡爲利括之爲將也？是括虛張疏繆之實，已久聞於隣國，獨其主不知之耳。

毛遂。

毛遂，上不數於其主，下不齒於其徒，而卒能奮身決起，著名楚、趙，苟非見棄於人，安能以有激乎？吾觀戰國游士，所以策名當時，致身將相，快平生之憤，酬夙昔之願，往往皆因所激而能致之。蘇秦之相六國，其家激之也。張儀之相秦，其友激之也。范睢談笑而取秦柄，其讎激之也。故善用人者，於其凌厲頓挫之時，而乘其感慨奮激之氣，則雖尋常之人，皆能以自效於尺寸，如其習安於豢養之餘，而生平之意願已足，則雖奇人節士，亦或無以自見也。

魯仲連。

魯仲連，亦戰國策士耳，而奇氣疏節，憤激陳義，有非策士所能及者。鷹隼高飛於雲漢，虎豹長嘯於山林，其頡頏飛騰之氣，❶豈人之所能近哉？一旦受人之羈縶，而豢養於韝圈之中，則與鷄犬無異。何者？惟其有所欲故也。戰國游士，大抵不勝其利欲之心，擔簦而往，鼓篋而遊，夫孰非有富貴之心者？故一受人之羈縻，甘人之豢養，則雖有奇氣疏節，將無所用之，而俛首帖尾，碌碌人下者，往往而是也，尚何望其憤激陳

---

❶「頏」，原作「頑」，據元刻本改。

義哉？仲連惟不見其所欲，故不受人之羈縻，不甘人之豢養，是以高飛長嘯而足以頡頏於一世，雖未必爲天下士，而人固以天下士奇之矣。

夷門侯生教魏公子救趙，圯上老人授子房兵法。

吾攷之戰國，有隱君子二人，曰夷門侯生，圯上老人，皆兵家之有道者也。夫兵者，授之以不仁之器，而教之以殺人之事。故古之有道者，皆諱之而不樂言也。其樂言之者，必皆其尅忍恣睢之徒，孫臏、吴起之類是也。夫兵不免於用智，而奇謀詭計，又用智之所不能已也。故其法可以自用，而不可以教人。以智而教人，必其有甚不得已，而度其人誠可以受之也，而後隱忍以授之。何者？吾固無樂於用智也。吾觀侯生之授魏公子也，試之以執轡以剉其鋒，試之以過客以觀其忍，至其有急而來赴也，我則泊然應之以無情，而使之憤以自悟，如是而果足以受之也，然後以其不可教人者，不得已而教之；以其諱言不樂者，不得已而言之。吾言出而吾術窮矣，吾智施而吾謀不可復用矣。何者？教其臣以詐其君，教其子以詐其父，教其父以賣其友，此兵家之陰謀而道家之深忌也。一之爲甚，其可再乎？此侯生所以忍死而言之也。若夫圯上老人之遇子房也，倨傲鮮腆以觀其禮，命之以僕妾之役以伏其心，與之一期、再期以試其人之果可受也，然後從而受之。夫卒然相遇於草莽之間，夜半授之以一編之書，名字不通，言語不同，固不知其爲何等人，而亦不知其爲何等書也，已而觀之，乃《太公兵法》也。嗚呼！古之有道者，其諱言兵也如此，其不輕授人也如此，而後世明目掀髯以言兵事，以道家之所忌者，而爲兵家之所喜，以道家之所不敢再用者，而爲兵家之所常用，然則人心之不仁，乃至此也夫！

茅焦。❶

秦遷太后於離宫，諫死者二十七人，而後來之輸忠者猶未已。夫秦，無道之極矣，而在廷何多直節臣也？且其諫者，非必皆社稷之臣，皆貴戚之卿也；非必皆析秦之圭，皆儋秦之爵也；又非必皆秦之所産，皆直言之士也，而爲是奮死而不顧。蓋生乎戰國之世，無一而非口舌之士，仕於危亡之朝，無一而非口舌之功，故常喜出於波濤洶湧之間，游人之所不能泳，與齊俱没，❷與汩俱出，而幸不死焉，是其所以爲工耳。若夫潢汙行潦，弱翁稚子，可褰裳而濟彼，豈以是而動其心哉？此所以積尸秦庭，而後來者愈出而愈奇也。雖然，亦危矣，逆驪龍之頷下而取其珠，撩虎口而奪之食，若茅焦者，亦幸矣。

陳勝。

陳涉之王也，其事至微淺，然縉紳先生抱祭器而往歸之，張耳、陳餘、房君之徒，又皆以興王之業説之。舊史按其行事，謂其不幸如是而致敗。設不如是，其事當復如何耶？至其再三致意也，猶曰其所致王侯將相，

❶「焦」，元刻本、明刻本作「蕉」，下「焦」字同。

❷「齊」，明刻本作「濟」。

竟足以亡秦。且涉所置王侯將相微矣，而史誇之。若曰：夫涉起謫戍而首事，志在免死而已，其大要不過偷一時之欲，其用軍行師，未嘗有一日之規，徒不勝其憤憤之心，決一旦之死，爲天下首事，蓋未知烏止誰屋也。在天下後世，正不當以興王之事責之。舊史猶復云云，至今尚論涉事者，猶惜其孰得而孰失也。吁，亦悲矣，天下苦秦之禍，故家遺俗，豪人俠士，喪氣略盡，乃其所不慮之戍卒猶能爲天下而首事，雖其人物卑陋，事至微淺，而古今猶幸之。蓋積萬年之憾，而發憤於陳王，猶曰：此秦民之湯武耳。

楚懷王。

懷王之立也，天將以興漢乎？懷王之死也，天將以亡楚乎？夫懷王，項氏所立，此宜深德於項。今觀懷王在楚，曾無絲粟之助於楚，而獨屬意於沛公。方其議遣入關也，羽有父兄之怨於秦，所遣宜莫如羽者，顧不遣羽而遣沛公，曰：吾以其長者不殺也。沛公之帝業，蓋於是乎興矣。至其與諸將約也，曰：先入關者王之。沛公先入關，而羽有不平之心，使人致命於懷王。蓋以爲懷王爲能右己也。而懷王之報命，但如約而已。以草莽一時之言，而重於山河丹書之誓，羽雖欲背其約，其如負天下之不直何？是沛公之帝業，又於此乎定矣。夫項氏之興，本假於亡楚之遺孽，顧迫於亞父之言，起民間牧羊子而王之，蓋亦謂其易制無他，而豈料其賢能若是邪？始而爲項氏之私人，而今遂爲天下之義主，始以爲有大造於楚，而今則視羽蔑如也，則羽此心之鬱鬱悔退，豈能久居人下者，自我立之，自我廢之，或生或殺，羽以爲此吾家事，而不知天下之英雄，得執此以爲辭也。故自三軍縞素之義明，沛公之師，始堂堂於天下，而羽始奄奄九泉下人矣。懷王之立，曾不足以重楚，而懷王之死，又適足以資漢。然則范增之謀，欲爲楚也，而秖以爲漢也。嗚呼，此豈沛公智慮所能及哉？其所得爲者，天也。此豈范增、項羽智慮之所不及哉？其所不得爲者，亦天也。

高祖還定三秦。

沛公有三傑，故雖遷漢中，而卒定三秦。項羽無三傑，故雖王三將，而終不能有三秦。嗚呼，羽非失險也，失人也。夫項羽遷沛公於巴蜀，而王三降將以距漢，漢勢若已屈矣，吁，彼豈知巴蜀果非死地也耶？羽以巴蜀爲死地，而謀遷沛公，沛公亦以死地視巴蜀，而忿嫉項羽。當是時也，取捨屈伸之理，惟蕭何知之，故何勸王王漢中，收用巴蜀，還定三秦。及其既就國也，項羽肺肝之謀，惟張良知之，故良説王燒絶棧道以示項羽無東意，此蕭何之所以强沛公之行也，而張良所以安沛公之心也。使巴蜀而果能爲死地也，則蕭何、張良之謀，是置沛公於死也。蕭何、張良，可謂見之明、計之熟矣。至於韓信，登壇之日，畢陳平生之畫略，論楚之所以失及漢之所以得。漢一日舉兵而東，秦民其爲沛公耶，爲三降將耶，此三秦還定之謀，所以卒定於韓信之手也。噫，三傑，真人傑也。向也蕭何、張良有卓然之見，而始勸沛公之入，今也韓信乘罅漏之餘，而徑勸沛公之出。其入也，所以養其出也；其出也，所以用其入也。三子之見，智謀略同，故蹙楚之效同，孰謂關中非沛公囊中物耶？善乎，史臣之論。高祖曰：從諫如轉圜也。夫天下之勢，成敗未易料也，見近者昧其勢，而慮遠者審其勢。蓋勢者，成敗之所係也。一舉措之不謹，則俄頃之間，大事去矣。方羽之王三降將於三秦而王高祖於漢中也，高祖蓋不勝其忿，而欲奮於一擊之間，周勃等又從而慫慂之。❶當是時，高帝死固未可保，而何以成敗爲也？及蕭相國進諫，而高祖翻然改悟，罷兵就國，徐起而還定之，如取諸寄，此豈有他術也？知成敗之勢在己而已，己能屈之，亦能伸之。是以高帝之還定三秦也，不在於引兵故道之時，而在於不攻項羽之日；不在於拜將之後，而在於聽諫之初。然則周勃諸公者，特見近而昧其勢耳；而蕭何者，慮遠而審其勢者也。

蕭何。

沛公之入關也，諸將争走金帛財物之府庫，蕭何獨先入，收丞相府圖籍藏之，以故沛公得知天下阨塞，户口多少，强弱之處。世常以刀筆吏少何，此特書生之論耳。何非刀筆吏，何以知丞相府之有圖籍邪！然刀筆吏多矣，而何獨知丞相府之有圖籍，則自其爲郡縣小吏時，固已習於國家之體要若此，此其器已不在人下矣。況當草莽角逐之時，見秦民府庫宫室之盛，雖沛公不能不垂涎者，而何之器度越人如此，沛公之有愧多矣。及項羽王沛公於漢中也，沛公意大不滿，自絳、灌以下，莫不勸攻項羽，何獨陳曰：能屈於一人之下，而伸於萬乘之上者，湯、武是也，願大王王漢中，養其民以致賢人，收用巴蜀，還定三秦，天下可圖也。嗚呼，何之器度若此，其位當不在人下矣。昔者晉重耳之亡也，從亡三人者，皆相國之器也。夫以羈旅喪亡之餘，而

❶「慫慂」，元刻本、明刻本作「從史」。

其從者，皆可以相國。君子曰：用臣如三人，公子何患於喪乎？吁，此固沛公所以興也。

漢法：宰相必出於列侯。武帝變而通之。是耶？非耶？

漢法：非軍功不侯，非列侯不相。儒者既無軍功可論，永無入相之路。此高祖馬上之陋規，非三代之宏規。至武帝元朔中，始下詔嘉先聖之道，招四方之士，遂以御史大夫公孫弘代薛澤爲丞相，封平津侯。丞相封侯，自弘始也。其後遂爲故事。夫武帝，崇儒之君子，厭文吏武功之不學無識，陋國初淺近之規，以爲儒道不能光顯，遂革其故習，不吝厚爵重封以激厲儒者，則武帝之美意，人亦孰得而非之也？然公孫弘起自徒步之中，以明《春秋》一經，不四年而超取相位，貴至封侯，則論者不能不於是而有憾焉。蓋武帝以利而用儒，儒者見利而求用。自弘以明經而爲相，後之爲儒者，孰不欲競章句之末習，以僥倖於一遇？利禄之間一開，而士大夫之心術，自兹蠱壞矣。況漢家以軍功立國，必以列侯爲相，雖漢之規陋，然而非軍功不侯，則漢之良法。使儒者而不相則已，使儒者而可相，則自版築而遽登相位乎何慊，而猶欲假封侯以爲重，此又武帝之不善變也。故自弘之侯平津也，而由相封侯者，漢史目爲恩澤侯，自是以恩澤侯者，相望於前後。使恩澤而可侯，則無復軍功之足競矣。故自侯法之既壞，至元、成之間，士大夫之氣習，豢養於富貴之餘，無復剛心鋭氣之可畏，而委靡巽懦之風，猶婦人女子生長於閨房之中，求欲如周昌、趙堯、申屠嘉、張蒼輩，愈不可得矣。夫相者，既非真儒，侯者，又非軍功，是武帝更張之善意，不免一舉而兩失。蓋自命相之法變，而儒者之心術壞，自封侯之法變，而士大夫之氣習壞。更張之善者，猶若此，更張而不善，則奈何？此變法之所以難也。

書武帝行事。

武帝之伐匈奴也，不絶大漠，不襲王庭，則不足以泄其怒。其通西域也，不窮河源，不歷懸度，則不足以快其慾。其事土木也，不千門萬户則不息。其聚斂也，不告緡則不休。其深刑也，不根株則不已。其崇儒也，不辟雍則不樂。其務農也，不代田則不爲。至其老而悔過，不下輪臺之詔則不足。蓋天地之間，凡可以力致者，武帝皆能以力致之，而有不容於力致者，獨其終身用力於神仙，曾不獲如其意。蓋嘗凝神於蓬萊，蜕形於海上，魂交黄帝，而夢接安期矣，亦嘗臣事少君，❶師事文成，五利公孫卿而賓齊魯之士矣，而卒莫能致也，豈其力尚不足耶？嗚呼，武帝窮奢極慾，以從富貴之樂，使神仙道家之事爲不無，蓋非帝之所可冀，矧其實無有哉。今徒狃於力之所可爲，而謂神仙可以力致，曾不察其理之有無也，使天下而有是理，則須帝之力而可致，如其無是理也，則雖帝之力，何所用哉？觀諸此世之言神仙者，亦可以已矣。

書卜式傳。

漢方事匈奴，而式願輸助邊；方事南越，而式願父子俱死。天下方争匿財，而式尤欲就助公家之費。凡式

❶「臣」，元刻本作「父」。「少」，元刻本、明刻本作「小」。

之所樂爲者，皆衆人之所難爲；而武帝之所欲爲者，式輒揣其意而逆爲之。故天下因式獲罪者十室而九，而式之褒寵眷遇，自以爲有用於天下。及武帝當封禪，而式獨以不習文章見棄。式乎，式乎，何不先衆人而爲之乎？

書雋不疑。

吏暗於古誼，觸事面牆，一旦事出非意，魂驚魄喪，無復人形。經生學士，爲之引經陳義，援古證今，則糟粕腐壞之餘，皆能以起僵而植仆，乃知世俗不涉書之弊，一至於此，而經生學士之取重於此，亦固自有時哉。

書王莽傳。

莽拔出族屬，繼四父而輔政，時人未知信也，於是刻心厲行以著其節，禮賢下士以釣其名，分布黨與以承其意，諂事母后以市其權，延見吏民以致其恩，意上下之勢既成，而人皆知有莽矣。於是力爲險異之行，以焜耀當時，封邑不受，位號不居，視天下爵禄若將浼焉。天下之人見其苦心如此，遂以其無他，而謂伊、周復出。故其避丁傅也，天下莫不稱其賢；其罷歸也，天下莫不訟其寃。一辭采女而詣闕上書者千數，辭益封而吏民上書者八千人，辭新野田而前後上書者至四十八萬。蓋當是時，惟恐莽之一日去漢，舉國以授之，惟恐其不受。夫莽，斗筲之才，賈孺之智，兒曹之恩，妾婦之行，徒以驅委庸人，籠絡小孺，媚事婦人，女子可也，而乃掩竊大物，豈非厄會然歟？

附録明刻本序跋二種

重刊木鐘集序

今天下之文集繁矣，而《木鐘集》則予未之見也。以予之未見而又欲刻之，無乃益其繁耶？顧予少時繙閱五經及孔孟、性理諸書，凡諸儒之有發明經旨者，必具列其姓氏，而潛室陳氏與焉。予既已知有其人而亦與聞其言矣，但未知其言之具載於《木鐘集》。比者假守温郡，躬祀諸儒，乃知先生寔郡人，而其所遺《木鐘集》猶有存者。郡有斯人而有斯集，表而出之，郡守事也，郡守責也。矧斯集之不傳久矣，後之學者如予之未見亦多矣，刻之于梓，使皆得而見之者，予心也。體予心而刻之者，瑞安令高君賓也。若賓者，可謂知先生、知《木鐘集》者，可嘉也。至如斯集之命名，則自有先生之題詞具在，兹可略。

弘治十四年辛酉春三月甲子，賜進士、中順大夫、温州府知府吉水鄧淮書于鹿城書院

重刊木鐘集後序

太守鄧侯守温，始逾年，道洽政成，百廢具興，以温多先哲，若潛室陳先生輩，皆親炙程、朱之門，而上承

孔、孟之緒者，乃歷攷其人，作書院以崇祀之，其有遺書逸稿足以發明斯道者，必梓行以嘉惠後學，若《木鐘集》者，其一也。

先生所著，不止是集，於今可見者，纔此編耳。其言雖已散見群經，而板之失傳已久，人幾不知有是書矣。侯既訪而得之，乃以命賓，俾重鋟梓以廣其傳焉。夫書以載道，道不可廢，則書不可以不傳。然固有不載乎道者矣。不載乎道，而不之傳可也，載乎道矣，而不得其傳，君子其能已哉？矧兹集之爲書，根據六經，羽翼傳註，剖析微奥，精入秋毫，於古聖賢所以立言垂訓之旨，發之殆盡，蓋真可謂載道之器，而天下之所不容無者。然由宋而來三百年，於此卒無有能衍其傳以溥之於世，豈亦有待於今日乎？

賓也承乏是邦，既得以敬拜先生於祠下，又因吾侯之教，得先生之書而讀之，幸亦大矣。顧惟遺編中多訛闕，欲丐善本以攷正而補完之，旁求累月，卒不可得，亦惟付之太息而已。夫以先生之鄉，流風餘韻，在人未泯，而此集已無存者，而況於四方、於異日乎？此而不傳，則自是而往，抑又可知矣。然則侯之此舉，豈小補哉！嗚呼，此賓之所以踴躍用命，不自計其力也。

時弘治辛酉夏六月丁丑朔又六日，後學江陰高賓謹序

《儒藏》精華編選刊即出書目（二〇二三）

白虎通德論
誠齋集
春秋本義
春秋集傳大全
春秋左氏傳賈服注輯述
春秋左氏傳舊注疏證
春秋左傳讀
道南源委
桴亭先生文集
復初齋文集
廣雅疏證
龜山先生語録
郭店楚墓竹簡十二種校釋
國語正義
涇野先生文集
康齋先生文集
孔子家語　曾子注釋
禮書通故
論語全解
毛詩後箋
毛詩稽古編
孟子正義
孟子注疏
閩中理學淵源考
木鐘集
群經平議

三魚堂文集　外集
上海博物館藏楚竹書十九種校釋
尚書集注音疏
詩本義
詩經世本古義
詩毛氏傳疏
詩三家義集疏
書疑　東坡書傳　尚書表注
書傳大全
四書集編
四書蒙引
四書纂疏
宋名臣言行録
孫明復先生小集　春秋尊王發微
文定集

五峰集　胡子知言
小學集註
孝經注解　温公易説　司馬氏書儀　家範
孚經室集
伊川擊壤集
儀禮圖
儀禮章句
易漢學
游定夫先生集
御選明臣奏議
周易口義　洪範口義
周易姚氏學